Abrindo a Caixa Preta Americana: Como os EUA Transformaram Sua Monstruosidade em Heroísmo.
Por Carmellini Duarte

# CAPÍTULO DE INTRODUÇÃO: O SONHO AMERICANO E SUA SOMBRA

Os Estados Unidos sempre se apresentaram ao mundo como a "terra da liberdade" e o lar das oportunidades ilimitadas. Um país onde qualquer um, vindo de qualquer lugar, poderia transformar sonhos em realidade. Essa imagem, cuidadosamente construída, é amplamente difundida por meio de sua cultura pop, suas exportações cinematográficas e sua influência política e econômica global. Não há lugar que encarne mais o conceito de "liberdade" — ou pelo menos é isso que se prega.

Contudo, por trás desse sonho dourado, há uma sombra que não pode ser ignorada. Uma história de violência, opressão, desigualdade e hipocrisia que contrasta brutalmente com a narrativa idealizada do "Sonho Americano". Desde o extermínio dos povos indígenas e a escravidão até guerras travadas em nome da democracia, mas motivadas por interesses econômicos e políticos, os Estados Unidos revelam um lado sombrio que raramente é exibido nos grandes palcos globais.

O país que proclama ser o bastião da liberdade muitas vezes limita os direitos dos mais vulneráveis. Sob o brilho de sua tecnologia avançada e suas promessas de consumo, há um sistema que perpetua desigualdades extremas, rejeita os mais pobres e explora os imigrantes. Ao mesmo tempo, promove uma liberdade de expressão que frequentemente serve de escudo para discursos de ódio e violência.

Este livro não busca apenas expor os escândalos e as monstruosidades que definem o lado obscuro da história americana. Ele pretende desconstruir a narrativa que elevou os Estados Unidos ao status de herói global. Ao abrir essa "caixa preta", revelamos como o país transformou suas falhas e atos sombrios em heroísmo aos olhos do mundo, mascarando suas contradições sob o véu do excepcionalismo.

O "Sonho Americano" é, em muitos aspectos, uma fábula — mas, como toda boa história, carrega sua dose de pesadelos. E é sobre esses pesadelos que precisamos falar.

# CAPÍTULO 1: A CRISE DE 1929 E A SEGUNDA GUERRA MUNDIAL: A TIRANIA DO LUCRO E A CONSOLIDAÇÃO DO PODER

Desde seus primórdios, os Estados Unidos construíram sua narrativa como a "terra da liberdade" e das oportunidades. Contudo, por trás dessa fachada de prosperidade e valores democráticos, há um histórico de ganância desenfreada e manipulação geopolítica que impacta negativamente o mundo inteiro. A Crise de 1929 e a Segunda Guerra Mundial são exemplos claros de como os EUA usaram caos e destruição como ferramentas para seu próprio lucro e consolidação como superpotência.

*A Crise de 1929: Propositada ou Resultado de Irresponsabilidade?*

A Grande Depressão é frequentemente retratada como um "acidente" econômico, mas muitos questionam se foi realmente uma catástrofe inevitável ou uma crise fabricada para atender interesses de grupos financeiros poderosos.

1. **A Ganância Sem Limites:** Na década de 1920, os EUA viviam uma era de ostentação, com consumo desenfreado e um mercado de ações que parecia crescer sem limites. As indústrias produziam mais do que a demanda, enquanto os bancos incentivavam um endividamento absurdo. Isso não foi apenas irresponsabilidade; foi a priorização do lucro imediato sobre a estabilidade econômica.

2. **A Bolha que Precisava Estourar:** Muitos estudiosos sugerem que o mercado de ações foi deliberadamente inflado por especuladores, que lucraram enormemente antes do colapso. Quando o crash finalmente aconteceu, a elite já havia se protegido, enquanto a classe trabalhadora e as economias estrangeiras pagaram o preço.

Mais alarmante é o fato de que, mesmo diante dos sinais de desastre, os Estados Unidos continuaram imprimindo dinheiro descontroladamente – algo que se reflete até hoje em sua política econômica, com uma dívida trilionária que, em última análise, será paga pelo resto do mundo.

### Por que o Japão Atacou Pearl Harbor?

A Segunda Guerra Mundial, que deveria ser um conflito centrado na Europa, tornou-se global com o ataque japonês a Pearl Harbor em 1941. Mas por que o Japão, que não tinha interesses diretos nos EUA, decidiu atacar?

1. **Provocações Estratégicas:** Antes do ataque, os EUA já haviam imposto sanções econômicas severas ao Japão, cortando o acesso a petróleo e outros recursos vitais. Isso não foi apenas uma resposta diplomática; foi uma provocação calculada para empurrar o Japão para a guerra.

2. **Um Pretexto Perfeito:** O ataque a Pearl Harbor forneceu aos EUA a desculpa que precisavam para entrar na guerra e, eventualmente, emergir como salvadores do mundo livre. Contudo, ao longo dos anos, surgiram alegações de que o ataque foi deliberadamente permitido ou até incentivado, com o objetivo de justificar a entrada americana no conflito.

### A "Ajuda" Americana na Guerra: Lucro Acima de Tudo

Quando finalmente entraram na guerra, os Estados Unidos não eram apenas combatentes; eram fornecedores. A indústria americana floresceu ao produzir armas, veículos e suprimentos para os aliados. Mas essa "ajuda" não foi gratuita. O programa *Lend-Lease* foi uma máquina de lucro, cobrando dos aliados já arruinados.

### Hiroshima e Nagasaki: Um Crime de Guerra Justificado como Heroísmo

Em 1945, a guerra estava praticamente vencida pelos aliados. O Japão já buscava negociar uma rendição, mas os EUA optaram por uma demonstração de força brutal. As bombas atômicas lançadas em Hiroshima e Nagasaki não eram necessárias para acabar com a guerra – eram um aviso ao mundo, especialmente à União Soviética, sobre o poder americano.

1. **Alvos Escolhidos Friamente:** Hiroshima e Nagasaki foram escolhidas não por sua importância militar, mas porque eram cidades relativamente intocadas, permitindo que os efeitos devastadores da bomba fossem claramente demonstrados.

2. **Uma Carnificina Injustificável:** Cerca de 200 mil pessoas morreram instantaneamente ou devido à radiação. Civis foram transformados em cobaias humanas para testar a arma mais letal da história.

### A Consolidação da Tirania Americana

Quando a guerra terminou, os Estados Unidos emergiram como a única superpotência intacta. A destruição da Europa e do Japão foi o trampolim para o domínio econômico e político americano. Sob o disfarce de heróis da liberdade, os EUA exploraram nações devastadas, garantindo sua influência através de empréstimos e imposições econômicas.

### Reflexão Final: O Sonho Americano ou Pesadelo Global?

A Crise de 1929 e a Segunda Guerra Mundial revelam um padrão inquietante nos Estados Unidos: a capacidade de transformar desastres – muitos dos quais causados por eles mesmos – em oportunidades para consolidar poder e riqueza. Sob o verniz do heroísmo, há uma história de manipulação, ganância e destruição que continua a moldar o mundo até hoje.

Os EUA podem se vender como a "terra da liberdade", mas a verdade é que sua ascensão ao poder foi construída sobre os escombros de nações que eles mesmos ajudaram a destruir.

# CAPÍTULO 2: HIROSHIMA E NAGASAKI – A HERANÇA DE DESTRUIÇÃO E A CORRIDA NUCLEAR



*Detalhes do Ataque: Destruição e Mortes*

Em 6 e 9 de agosto de 1945, os Estados Unidos lançaram bombas atômicas sobre as cidades japonesas de Hiroshima e Nagasaki. As explosões foram devastadoras, transformando centros urbanos vibrantes em paisagens apocalípticas em questão de segundos.

- **Hiroshima:** Às 8h15 da manhã, a bomba "Little Boy" explodiu a 600 metros acima da cidade, liberando uma energia equivalente a 15 mil toneladas de TNT. Cerca de 80 mil pessoas morreram instantaneamente, e dezenas de milhares sucumbiram nos meses seguintes devido à radiação.
- **Nagasaki:** Três dias depois, a bomba "Fat Man" foi lançada sobre Nagasaki. Apesar do terreno montanhoso que limitou o alcance da explosão, a cidade foi dizimada. Mais de 70 mil pessoas morreram até o final de 1945, com milhares sofrendo os efeitos da radiação por anos.

Além das mortes imediatas, os ataques causaram ferimentos físicos e psicológicos irreparáveis. Queimaduras severas, cegueira e doenças causadas pela radiação se tornaram parte do cotidiano dos sobreviventes, conhecidos como *hibakusha*.

*Consequências a Longo Prazo*

A destruição de Hiroshima e Nagasaki não foi apenas um marco no final da Segunda Guerra Mundial, mas também um ponto de virada na história da humanidade:

- **Efeitos na Saúde:** As gerações seguintes enfrentaram taxas alarmantes de câncer, doenças cardíacas e defeitos genéticos.
- **Impacto Psicológico:** Muitos sobreviventes carregaram traumas profundos, vivendo sob o estigma social e o medo

de transmitir os efeitos da radiação aos seus descendentes.

- **Reconstrução Lenta:** Ambas as cidades levaram décadas para se recuperar plenamente, tornando-se símbolos da resiliência humana diante de tragédias impensáveis.

### A Questão Ética: Era Necessário Usar a Bomba?

Os Estados Unidos justificaram o uso das bombas atômicas como uma forma de encurtar a guerra e evitar mais mortes. Mas essa narrativa é frequentemente questionada:

1. **O Japão Já Estava Derrotado?**
   No momento dos ataques, o Japão enfrentava uma crise sem precedentes. Suas forças militares estavam enfraquecidas, e havia sinais claros de que o país buscava negociar uma rendição, especialmente após a entrada da União Soviética na guerra.

2. **Uma Demonstração de Poder?**
   Muitos historiadores argumentam que as bombas não eram necessárias para vencer a guerra, mas foram usadas para demonstrar o poder dos EUA ao mundo, especialmente à União Soviética, marcando o início da Guerra Fria.

3. **O Preço da Inovação Militar:**
   Os alvos escolhidos – Hiroshima e Nagasaki – não eram de grande relevância militar, mas sim locais onde os efeitos da bomba poderiam ser observados com clareza. Civis se tornaram cobaias involuntárias em um experimento macabro que redefiniu a guerra moderna.

### Testemunhos de Sobreviventes

Os relatos dos *hibakusha* são testemunhos poderosos do horror causado pelos ataques:

- **Setsuko Thurlow:** Uma sobrevivente de Hiroshima, Setsuko descreveu como viu amigos e familiares transformados em "sombras no chão". Ela relatou a sensação de calor insuportável e o cheiro de carne queimada permeando o ar.

- **Keiji Nakazawa:** Um menino na época, Keiji perdeu toda sua família e mais tarde descreveu o impacto psicológico de ver corpos carbonizados e mutilados enquanto tentava sobreviver sozinho.

Esses testemunhos continuam a ressoar como alertas para as gerações futuras sobre os horrores da guerra nuclear.

### A Corrida Nuclear e Seu Legado

As bombas de Hiroshima e Nagasaki não apenas encerraram a Segunda Guerra Mundial, mas também deram início à corrida armamentista nuclear.

1. **A Era Atômica:**
   Os Estados Unidos rapidamente passaram a ver armas nucleares como essenciais para sua hegemonia global. Em resposta, a União Soviética iniciou seu próprio programa nuclear, culminando na explosão de sua primeira bomba atômica em 1949.

2. **Proliferação Nuclear:**
   Ao longo das décadas seguintes, outras nações desenvolveram arsenais nucleares, aumentando o risco de destruição em massa. A "paz" alcançada pela dissuasão nuclear sempre foi acompanhada pela ameaça constante de aniquilação global.

### Reflexões sobre o Impacto Global

Os ataques a Hiroshima e Nagasaki não foram apenas atos de guerra, mas declarações de domínio político e militar. Eles marcaram o início de uma era onde a destruição em massa foi normalizada como uma estratégia geopolítica.

O uso das bombas atômicas pelos EUA revelou uma face sombria de seu poder: a disposição de sacrificar vidas inocentes em prol de interesses políticos e científicos. Longe de ser um ato heróico, os ataques foram uma demonstração brutal de como a busca pela supremacia pode eclipsar qualquer consideração ética ou moral.

# CAPÍTULO 3: GUERRA DO VIETNÃ – UM ATOLEIRO SANGRENTO



A Guerra do Vietnã, travada entre 1955 e 1975, é um dos conflitos mais controversos da história moderna dos Estados Unidos. Oficialmente, o objetivo americano era conter a disseminação do comunismo na Ásia, seguindo a *Doutrina Truman*, que previa o apoio a países ameaçados por movimentos comunistas.

Os EUA viam a guerra como parte do "Efeito Dominó", acreditando que se o Vietnã do Sul caísse para os comunistas, outros países na região, como Laos, Camboja e Tailândia, também se tornariam comunistas. Porém, essa narrativa, amplamente divulgada, serviu como fachada para interesses econômicos e estratégicos mais profundos, como o controle de mercados e o fortalecimento da influência americana na região do Pacífico.

Os EUA apoiaram o governo do Vietnã do Sul, que era impopular, corrupto e autoritário, fornecendo armamento, treinamento militar e, eventualmente, enviando centenas de milhares de soldados para o país. A entrada dos EUA no conflito foi marcada por manipulações políticas, como o famoso *Incidente do Golfo de Tonkin* em 1964, que foi amplamente inflado para justificar a escalada militar.

*Massacres e Crimes de Guerra: My Lai e Outros Abusos*

A guerra foi marcada por uma brutalidade que chocou o mundo, e o **Massacre de My Lai**, em 16 de março de 1968, tornou-se um símbolo dos horrores do conflito. Soldados americanos massacraram entre 300 e 500 civis vietnamitas, incluindo mulheres, crianças e idosos, em uma aldeia desarmada.

- **Execuções Sumárias:** Civis foram reunidos e mortos a tiros, muitas vezes após serem brutalmente torturados.

- **Abusos Sexuais:** Mulheres e meninas foram estupradas antes de serem assassinadas, em atos de crueldade extrema.
- **Destruição Completa:** As aldeias foram incendiadas e destruídas, deixando sobreviventes traumatizados e desabrigados.

O massacre só veio à tona anos depois, quando o jornalista Seymour Hersh expôs os crimes ao mundo. Mesmo assim, a maioria dos responsáveis nunca foi punida, ilustrando a impunidade que permeou a guerra.

My Lai foi apenas um dos muitos incidentes. Os EUA frequentemente trataram a população local com suspeita e hostilidade, o que levou a ações semelhantes em várias outras regiões do Vietnã.

*O Uso de Armas Químicas: Agente Laranja e Outras Atrocidades*

Uma das marcas mais sombrias da Guerra do Vietnã foi o uso indiscriminado de armas químicas pelos EUA, particularmente o **Agente Laranja**, um herbicida e desfolhante altamente tóxico.

- **Propósito Militar:** O Agente Laranja foi pulverizado em grandes áreas florestais para destruir a cobertura vegetal usada pelas forças do Vietnã do Norte e pela guerrilha do Viet Cong. Mais de 20 milhões de galões da substância foram lançados durante a guerra.
- **Impactos na Saúde:** A substância continha dioxinas, compostos altamente cancerígenos. Milhões de vietnamitas sofreram envenenamento, desenvolvendo câncer, malformações congênitas e outras doenças crônicas.
- **Impacto nos Soldados Americanos:** Muitos veteranos americanos também foram afetados, desenvolvendo problemas de saúde graves e transmitindo defeitos congênitos a seus filhos.

Além do Agente Laranja, os EUA usaram napalm, uma substância incendiária que grudava na pele e causava queimaduras horríveis. As imagens de crianças correndo em pânico, com a pele queimada, tornaram-se símbolos globais da crueldade da guerra.

### O Atoleiro e a Retirada Humilhante

A Guerra do Vietnã foi um desastre não apenas para o Vietnã, mas também para os Estados Unidos:

- **Custo Humano:** Mais de 58 mil soldados americanos morreram, e centenas de milhares ficaram física ou mentalmente traumatizados. Do lado vietnamita, milhões de civis e combatentes perderam a vida.
- **Custo Político:** A guerra dividiu os EUA como nunca antes, alimentando movimentos de protesto e desconfiança no governo.
- **Custo Econômico:** O conflito drenou bilhões de dólares dos cofres americanos, agravando problemas econômicos internos.

A retirada final dos EUA em 1975, marcada pela queda de Saigon, foi uma humilhação internacional. As imagens de helicópteros resgatando americanos do telhado da embaixada em Saigon simbolizaram o fracasso de uma das maiores potências do mundo diante de um país pequeno, mas determinado.

### Reflexões sobre a Vilania do Conflito

A Guerra do Vietnã expôs a face mais cruel do imperialismo americano:

- Uma guerra justificada por medo e paranoia, mas movida por interesses geopolíticos e econômicos.
- Uma máquina de guerra que não hesitou em sacrificar vidas inocentes e destruir ecossistemas inteiros.
- Uma nação que, ao invés de se posicionar como defensora da liberdade, revelou-se uma opressora, impondo sua vontade pela força.

As cicatrizes deixadas pela guerra continuam visíveis, tanto no Vietnã quanto nos Estados Unidos. Elas servem como um lembrete de que, mesmo sob a bandeira da "liberdade", os EUA não hesitaram em mergulhar no abismo da violência e da destruição para preservar seus interesses.

## Vozes do Atoleiro – Relatos e Revelações da Guerra do Vietnã

*A Exposição de Seymour Hersh: O Eco do Massacre de My Lai*

Seymour Hersh, um jornalista investigativo renomado, desempenhou um papel fundamental na revelação do massacre de My Lai, expondo a brutalidade das forças americanas e desmontando a narrativa oficial do governo dos Estados Unidos sobre a guerra. Sua reportagem, publicada em 1969, revelou detalhes perturbadores que haviam sido cuidadosamente suprimidos.

Entre os detalhes expostos por Hersh estavam as ações do tenente William Calley, que ordenou o massacre e participou diretamente das execuções. Em seu relato, Hersh destacou falas de testemunhas que descreveram os soldados americanos disparando contra mulheres e crianças desarmadas, jogando corpos em valas comuns e queimando aldeias inteiras.

Hersh escreveu:

"My Lai não foi um incidente isolado. Era um sintoma de uma cultura militar que desvalorizava vidas vietnamitas, incentivava a violência indiscriminada e promovia uma política de 'corpos contados', onde cada morte era vista como um progresso na guerra."

A revelação foi um choque para o público americano, que até então acreditava na narrativa de que os EUA estavam lutando pela liberdade e pela democracia no Vietnã. O impacto da reportagem de Hersh foi tão grande que My Lai se tornou um ponto de inflexão no apoio público à guerra.

*Relatos de Soldados Americanos: Traumas e Reflexões*

Muitos soldados americanos, ao retornarem da guerra, foram profundamente marcados pelos horrores que testemunharam e pelas ações que foram compelidos a cometer. Os veteranos frequentemente enfrentaram **transtorno de estresse pós-traumático (TEPT)**, sentimentos de culpa e ostracismo social.

**Paul Meadlo**, um dos soldados envolvidos no massacre de My Lai, confessou:

"Eu matei mulheres e crianças. Eu atirei porque fui ordenado, mas nunca mais vou esquecer. Elas estavam chorando, gritando. Eu ouço isso nos meus sonhos todas as noites."

Outro veterano, **Ron Ridenhour**, que ajudou a expor My Lai, descreveu o ambiente militar da época:

"Havia uma mentalidade de ódio. Ensinaram-nos a ver os vietnamitas não como pessoas, mas como 'gooks', como se fossem menos humanos. Quando você desumaniza o inimigo, tudo se torna possível."

Além dos traumas emocionais, muitos soldados sofreram com os efeitos da exposição ao **Agente Laranja** e outras armas químicas, resultando em problemas de saúde debilitantes. O veterano **Mike Boehm** relatou:

"Fomos usados como ferramentas de destruição. Mas ninguém nos preparou para a destruição que carregamos dentro de nós mesmos ao voltar para casa."

*O Sofrimento dos Vietnamitas: Testemunhos de Sobreviventes*

O povo vietnamita suportou o peso esmagador da guerra, enfrentando bombardeios incessantes, massacres e os efeitos devastadores das armas químicas. Testemunhos de sobreviventes oferecem uma perspectiva devastadora sobre o impacto humano do conflito.

**Pham Thi Phuong**, uma sobrevivente do massacre de My Lai, relembra:

"Eu vi minha mãe e meus irmãos serem mortos na minha frente. Eles não tinham armas, não representavam ameaça. Fingi estar morta, coberta pelo sangue deles. Passei horas assim, sem mover um músculo."

Outro sobrevivente, **Tran Thi Hoa**, que viveu em uma área contaminada pelo Agente Laranja, compartilhou:

"Meu filho nasceu sem braços. Muitos em minha aldeia têm problemas semelhantes. Esta guerra continua nos matando, mesmo décadas depois de ter terminado."

*A Lógica Brutal da "Contagem de Corpos"*

A cultura militar americana durante a Guerra do Vietnã

enfatizava a "contagem de corpos" como um indicador de sucesso. Essa abordagem, revelada nas investigações de Hersh e em depoimentos de soldados, incentivava a violência indiscriminada. Muitos soldados foram pressionados a inflar números, frequentemente matando civis e apresentando-os como combatentes inimigos para agradar superiores.

**Seymour Hersh comentou sobre essa política:**

"Era uma guerra em que o sucesso era medido pelo número de cadáveres. Isso criou um sistema em que a humanidade foi perdida e os civis vietnamitas foram os mais prejudicados."

*O Impacto Duradouro da Exposição de Hersh e dos Relatos de Guerra*

As revelações de My Lai, os testemunhos de sobreviventes e os relatos de veteranos expuseram a verdadeira face da Guerra do Vietnã. A guerra não apenas destruiu vidas, mas também corroeu a credibilidade moral dos EUA, evidenciando a hipocrisia de sua retórica de liberdade e democracia.

O legado da Guerra do Vietnã continua vivo, tanto nas cicatrizes físicas e emocionais dos que sobreviveram quanto nas lições sobre o custo da guerra e a necessidade de responsabilização. Para muitos, My Lai e outros episódios semelhantes servem como lembretes dolorosos de que o imperialismo e a guerra nunca podem ser dissociados da desumanização e da tragédia.

# CAPÍTULO 4: AS GUERRAS NO ORIENTE MÉDIO – PETRÓLEO E PODER



*O Pretexto Fabricado: Armas de Destruição em Massa*

A Guerra do Iraque, iniciada em 2003, foi vendida ao mundo como uma missão de justiça e segurança global. Os EUA, sob o governo de George W. Bush, alegaram que o regime de Saddam Hussein possuía armas de destruição em massa (ADM), representando uma ameaça iminente. Porém, essa justificativa logo se mostrou uma farsa. Nenhuma ADM foi encontrada, e investigações posteriores revelaram que a decisão de invadir o Iraque foi baseada em relatórios manipulados e informações fabricadas.

**Colin Powell**, então Secretário de Estado, apresentou ao Conselho de Segurança da ONU provas questionáveis, incluindo imagens de satélite que sugeriam a existência de instalações de armas químicas. Mais tarde, Powell descreveu seu discurso como uma "mancha" em sua carreira, reconhecendo a fragilidade das evidências apresentadas.

O verdadeiro motivo por trás da invasão foi, para muitos analistas, o controle sobre as vastas reservas de petróleo do Iraque e a consolidação da influência americana no Oriente Médio. Como afirmou o ex-general **Wesley Clark**:

"O Iraque era apenas o começo. Havia um plano para derrubar regimes em sete países em cinco anos. Não era sobre terrorismo, era sobre o poder e a reorganização do Oriente Médio."

*A Devastação do Iraque: Lucro e Destruição*

A invasão e ocupação do Iraque trouxeram caos ao país, resultando em centenas de milhares de mortes de civis, colapso da infraestrutura e uma sociedade em ruínas. Enquanto o povo iraquiano sofria, as empresas americanas lucravam com a guerra.

**Empresas armamentistas**, como Lockheed Martin, Raytheon e Boeing, obtiveram contratos bilionários para fornecer armas e equipamentos militares. Ao mesmo tempo, companhias como **Halliburton**, que tinha conexões diretas com o então vice-presidente **Dick Cheney**, lucraram com contratos para reconstrução de infraestrutura e exploração de petróleo.

Um relatório do **Center for Public Integrity** revelou que empresas privadas lucraram mais de 138 bilhões de dólares durante a guerra no Iraque. Enquanto isso, cidades como Bagdá e Mossul enfrentavam apagões, falta de água potável e violência generalizada.

*Guantánamo: Torturas na "Guerra ao Terror"*

A invasão do Iraque foi apenas uma peça no tabuleiro da "Guerra ao Terror", uma campanha global lançada após os ataques de 11 de setembro de 2001. Sob esse pretexto, os EUA estabeleceram práticas que violavam direitos humanos básicos, sendo a prisão de **Guantánamo Bay**, em Cuba, um dos exemplos mais notórios.

Prisioneiros acusados de terrorismo eram mantidos sem julgamento, submetidos a torturas físicas e psicológicas. Técnicas como **waterboarding** (simulação de afogamento), privação de sono e isolamento prolongado eram rotineiras. Documentos vazados revelaram que muitos dos detidos não tinham qualquer ligação com grupos terroristas, mas foram capturados com base em informações imprecisas ou acusações infundadas.

O jornalista investigativo **Jane Mayer**, em seu livro *The Dark Side*, destacou:

"Guantánamo não era sobre justiça; era sobre criar uma narrativa de força e controle. Tortura não gerava informações confiáveis, mas alimentava o ciclo de ódio e desumanização."

*O Legado das Guerras no Oriente Médio*

As guerras lideradas pelos EUA no Oriente Médio deixaram

um legado de destruição, instabilidade e desconfiança global. O Iraque, antes um país com uma infraestrutura funcional, foi reduzido a escombros. Grupos extremistas, como o Estado Islâmico, emergiram do vácuo de poder deixado pela ocupação americana.

Além disso, as justificativas fabricadas para a guerra e as práticas desumanas em locais como Guantánamo expuseram a hipocrisia dos EUA, que se apresentam como defensores da liberdade e dos direitos humanos. Para muitos, essas guerras foram menos sobre segurança global e mais sobre o controle de recursos estratégicos e a projeção de poder americano.

**Conclusão:**

A Guerra do Iraque e a "Guerra ao Terror" são capítulos sombrios na história dos EUA. Elas não apenas causaram sofrimento incalculável, mas também revelaram a disposição do país em manipular narrativas, explorar recursos e sacrificar vidas em nome de interesses políticos e econômicos. A pergunta que permanece é: quem realmente se beneficiou dessa devastação?

## O Real Interesse dos EUA no Oriente Médio

*A Fascinação pelo Oriente: Petróleo e Controle Geopolítico*

Desde o início do século XX, o Oriente Médio emergiu como uma peça-chave no tabuleiro global devido a suas vastas reservas de petróleo. Para os EUA, garantir acesso a esse recurso essencial significava poder econômico e militar. Durante e após a Segunda Guerra Mundial, alianças estratégicas com países produtores de petróleo, como a Arábia Saudita, foram estabelecidas. Acordos como o pacto entre **Franklin D. Roosevelt** e o rei saudita **Ibn Saud** solidificaram o interesse americano na região: proteção militar em troca de acesso ao petróleo.

Porém, a busca por influência no Oriente Médio também significava intervir em questões locais, muitas vezes ignorando a soberania dos povos. Golpes orquestrados, apoio a ditaduras e intervenções militares moldaram a percepção negativa da população local em relação aos EUA.

*A Hostilidade Crescente: O Porquê do Ódio aos EUA*

A raiva de muitos países do Oriente Médio contra os EUA não é infundada. Ela é resultado de décadas de intervenções imperialistas, ações que desestabilizaram a região e priorizaram os interesses americanos acima de tudo.

1. **O Golpe de 1953 no Irã:**
   A CIA desempenhou um papel central na derrubada do primeiro-ministro iraniano **Mohammad Mossadegh**, que havia nacionalizado a indústria petrolífera do país. O golpe instalou o regime do xá **Mohammad Reza Pahlavi**, um governante autoritário que favorecia os interesses ocidentais, mas reprimia brutalmente seu próprio povo. Para muitos iranianos, os EUA eram cúmplices na destruição de sua democracia emergente.

2. **Apoio a Israel:**
   O alinhamento incondicional dos EUA com Israel gerou ressentimento profundo no mundo árabe, especialmente em relação à questão palestina. Muitos países e grupos da região viam esse apoio como um sinal de que os EUA não respeitavam as vidas e os direitos dos povos árabes.

3. **Presença Militar e Intervenções:**
   Desde a Guerra do Golfo, em 1991, até as ocupações do Afeganistão e do Iraque, a presença militar americana no Oriente Médio é vista como uma força de opressão, não de libertação. Bases militares, bombardeios a civis e violações de direitos humanos alimentaram um ódio visceral.

*O 11 de Setembro e suas Raízes*

Os ataques de 11 de setembro de 2001 foram um dos momentos mais trágicos da história americana. Mas para entender suas raízes, é preciso olhar para as ações dos EUA nas décadas anteriores.

O grupo responsável pelos ataques, **Al-Qaeda**, liderado por **Osama bin Laden**, tinha suas origens na resistência afegã contra a União Soviética. Durante os anos 1980, os EUA financiaram e armaram grupos de mujahidins, incluindo Bin Laden, para lutar contra os soviéticos. Essa aliança, no entanto, desmoronou quando os EUA estabeleceram bases militares na Arábia Saudita durante a Guerra do Golfo, algo visto por Bin Laden como uma profanação de terras sagradas.

Os ataques de 11 de setembro foram, para os terroristas, uma retaliação direta contra a política externa americana. A presença militar, o apoio a Israel e as intervenções imperialistas foram citados como razões para o ataque.

*A Perseguição a Saddam Hussein e o Colapso do Iraque*

Saddam Hussein, outrora aliado dos EUA durante a guerra Irã-Iraque, tornou-se um inimigo declarado quando invadiu o Kuwait em 1990, ameaçando os interesses petrolíferos americanos. A Guerra do Golfo (1991) foi a primeira etapa na demonização de Saddam, que culminaria na invasão do Iraque em 2003.

Embora Saddam fosse um ditador brutal, as justificativas americanas para invadi-lo – como a posse de armas de destruição em massa – foram fabricadas, como já explorado anteriormente. Após sua queda, o Iraque mergulhou em um caos que persiste até hoje, com grupos extremistas aproveitando o vácuo de poder deixado pela ocupação americana.

*O Conflito com o Irã e o Afeganistão*

1. **Irã:**

   A relação entre os EUA e o Irã é marcada por desconfiança e hostilidade. Desde a Revolução Islâmica de 1979, que derrubou o regime do xá e instaurou um governo teocrático, o Irã tem se posicionado como adversário dos EUA. As sanções econômicas, a retórica agressiva e o assassinato de líderes iranianos, como o general **Qasem Soleimani** em 2020, aprofundaram o conflito.

2. **Afeganistão:**

Após os ataques de 11 de setembro, os EUA invadiram o Afeganistão para derrubar o Talibã, acusado de abrigar a Al-Qaeda. Embora inicialmente bem-sucedida, a ocupação se transformou em um atoleiro de duas décadas, custando trilhões de dólares e milhares de vidas. A retirada em 2021 foi marcada por caos, deixando o Talibã novamente no poder e expondo o fracasso da política americana.

*Conclusão: Petróleo, Poder e Sangue*

O Oriente Médio é um testemunho do impacto devastador do intervencionismo americano. Ao priorizar petróleo e poder geopolítico, os EUA minaram governos, dividiram sociedades e alimentaram um ódio que persiste até hoje. A pergunta que ecoa é: por quanto tempo mais a região pagará o preço pelas ambições imperialistas americanas?

# CAPÍTULO 5: GUERRA DA COREIA – O CONFLITO SEM VITÓRIA

*1. O Contexto Histórico e a Divisão da Península*

A **Guerra da Coreia**, que começou em **1950**, é um exemplo emblemático das políticas agressivas e ambíguas dos Estados Unidos no cenário global. A península da Coreia foi dividida após a **Segunda Guerra Mundial**, em 1945, entre as forças soviéticas e americanas. Essa divisão resultou no surgimento de dois estados distintos:

- **Coreia do Norte**: Sob o regime comunista, apoiado pela **União Soviética**.
- **Coreia do Sul**: Sob o governo capitalista e aliado dos **EUA**, que buscavam conter a expansão do comunismo na Ásia.

Os Estados Unidos, então, entraram na Guerra da Coreia sob a justificativa de defender a Coreia do Sul contra o avanço comunista. Mas a guerra revelou a maneira como os EUA estavam dispostos a sacrificar vidas e recursos, muitas vezes em nome de estratégias políticas e ideológicas, sem uma vitória clara ou duradoura.

## 2. A Entrada dos EUA na Guerra e a Dinâmica do Conflito

Os primeiros anos do conflito mostraram o poder militar dos EUA, mas também sua incapacidade de alcançar um resultado decisivo.

- **Mobilização em Massa:** O apoio dos Estados Unidos à Coreia do Sul significou o envio de mais de **500 mil soldados americanos**, além de materiais e recursos consideráveis. Isso incluía aviões, tanques e equipamentos pesados.
- **Frente Militar Instável:** Apesar do poder de fogo das tropas americanas, a guerra logo mostrou que a **resistência das tropas norte-coreanas**, apoiadas pela **China**, tornaria qualquer vitória decisiva praticamente impossível.
- **Estratégia Americanizada:** O conflito na Coreia também

trouxe à tona a estratégia militar dos EUA de usar **força bruta e poder técnico**, sem considerar o impacto social e político nos locais onde a guerra acontecia. O objetivo dos americanos não era apenas vencer, mas também conter o avanço do comunismo – uma estratégia que teria implicações econômicas e políticas complicadas.

## 3. O Preço Humano e Social da Guerra

A Guerra da Coreia resultou em **milhares de mortes e milhões de vidas afetadas**, tanto entre os soldados americanos quanto entre os civis coreanos.

- **Mortos e Desaparecidos:** Aproximadamente **36 mil soldados americanos** perderam a vida, e os números entre os coreanos foram ainda mais alarmantes. Estima-se que cerca de **2 milhões de coreanos** morreram no conflito, entre os dois lados.

- **Destruição Generalizada:** Cidades inteiras foram destruídas, e a infraestrutura da Coreia do Norte e do Sul ficou severamente comprometida. O cenário pós-guerra foi marcado por **edifícios em ruínas e a pobreza extrema**, fatores que prejudicam a reconstrução da península até hoje.

- **Traumas Psicológicos:** Muitos soldados americanos e coreanos sofreram traumas físicos e emocionais. O uso indiscriminado das forças e as batalhas intensas deixaram marcas profundas, que se manifestam até os dias de hoje em questões de saúde mental e estabilidade social.

## 4. A Disputa Geopolítica e a Influência das Potências Estrangeiras

A Guerra da Coreia não apenas moldou a península coreana, mas também alterou o equilíbrio global entre **potências ocidentais e comunistas**.

- **Intervencionismo dos EUA:** O envolvimento dos Estados Unidos na guerra não apenas buscou a contenção do comunismo, mas também fortaleceu sua presença militar e influência na Ásia Oriental. A **base militar em Seul**, e o posicionamento estratégico das tropas americanas, simbolizam a importância dessa presença até hoje.

- **O Papel da China:** A China intervencionou para apoiar

a Coreia do Norte, tornando-se um elemento crucial no cenário do conflito. O apoio chinês expôs o compromisso do governo comunista chinês em defender o comunismo global e sua influência na Ásia. Isso gerou um cenário de tensões contínuas entre os Estados Unidos e a China.

- **União Soviética:** A União Soviética também desempenhou um papel importante ao fornecer apoio e recursos ao regime norte-coreano, tornando a Guerra da Coreia um exemplo do confronto ideológico entre **capitalismo e comunismo** durante a Guerra Fria.

## 5. Consequências Duradouras e o Armistício

A guerra terminou em **1953** com um armistício, mas sem a assinatura de um tratado formal de paz, o que significa que a **Coreia do Norte e a Coreia do Sul nunca formalizaram a paz**.

- **Zona Desmilitarizada da Coreia (DMZ):** Uma das consequências mais significativas desse conflito foi a criação da **Zona Desmilitarizada da Coreia**, ou DMZ. Uma área fortemente guardada e monitorada, representando a separação física e ideológica entre os dois países e o status de guerra constante.

- **Relações Bilaterais Tensas:** Apesar das promessas de acordos e conversas diplomáticas, a relação entre **Coreia do Norte e Coreia do Sul**, assim como entre os EUA e a Coreia do Norte, permanece instável até hoje.

- **Influência Americana:** A presença americana no cenário coreano continuou a ser um pilar estratégico para a defesa da **Coreia do Sul**, mas trouxe o peso das tensões internacionais e das pressões políticas tanto na Ásia quanto nos Estados Unidos.

## 6. A Hipocrisia das Decisões Políticas dos EUA

Os Estados Unidos, que frequentemente afirmam estar em guerra em nome dos **direitos humanos**, encontraram dificuldades na Guerra da Coreia devido à disparidade entre discurso e prática.

- **Proteção contra o Comunismo:** Embora o objetivo fosse **proteger o povo sul-coreano contra o comunismo**, os próprios métodos das tropas americanas trouxeram **destruição e sofrimento extremo**, questionando a eficácia dessa intervenção.

- **Sustentação do Mercado de Armas:** A guerra também fortaleceu a indústria americana de **armas e equipamentos militares**, mostrando que os conflitos são frequentemente alimentados por interesses econômicos e não apenas políticos ou sociais.

## Conclusão

A **Guerra da Coreia** é um exemplo brutal das políticas americanas que vão além das intenções ideológicas. Embora os EUA buscassem conter o avanço do comunismo e apoiar a **Coreia do Sul**, o conflito revelou o preço do **intervencionismo militar**, das decisões estratégicas baseadas em poder econômico e ideologia e da indiferença ao impacto social e econômico nos países onde a guerra ocorreu.

Até hoje, os vestígios desse conflito persistem na **Zona Desmilitarizada da Coreia**, na instabilidade regional e na relação complicada entre as potências asiáticas e ocidentais. O compromisso dos Estados Unidos com os interesses ideológicos e econômicos frequentemente sobrepõe o compromisso com o povo, tornando a Guerra da Coreia um marco das decisões americanas que revelam sua busca não apenas pelo poder, mas pelo controle e pela influência global, independentemente do custo.

# Coreia Do Sul: Uma Colônia Disfarçada Dos Eua?

A ideia de que a **Coreia do Sul** seria, de alguma forma, uma espécie de **"colônia"** dos Estados Unidos não é um conceito apenas teórico. Embora a Coreia do Sul possua um governo soberano e seja formalmente independente, a relação profunda e complexa entre os dois países revela elementos que trazem à tona essa comparação crítica.

## 1. Histórico e Influência Americana

*Presença Militar Permanente*

Desde o fim da **Guerra da Coreia** em **1953**, os Estados Unidos mantêm uma presença militar significativa no território sul-coreano.

- **Base das Tropas Americanas:** Atualmente, cerca de **28.500 soldados americanos** estão posicionados na Coreia do Sul. Essas tropas estão concentradas em áreas estratégicas, como em torno de Seul e em bases ao sul da **Zona Desmilitarizada da Coreia (DMZ).**
- **Comando Conjunto:** As tropas americanas estão sob a responsabilidade do **Comando das Forças Combinadas EUA-Coreia**, um comando militar de alto nível, que demonstra o controle e influência dos EUA sobre as operações de defesa e estratégias militares no país.
- **Acordo de Segurança:** O **Acordo de Segurança EUA-Coreia** estipula que os Estados Unidos devem fornecer **apoio militar e proteção**, o que inclui o uso das tropas americanas e a implementação de equipamentos avançados.

## 2. Dependência Econômica e Política

*Influência no Governo e na Economia*

- **Parcerias Comerciais:** Os EUA são um dos maiores parceiros econômicos da Coreia do Sul. O país exporta produtos eletrônicos, automóveis e outros bens para os EUA, e as empresas americanas têm uma presença significativa no mercado sul-coreano.
- **Investimentos Estrangeiros:** Muitas empresas sul-coreanas dependem de investimentos dos EUA e do acesso ao mercado americano. Isso cria um vínculo econômico forte e dependente.
- **Acordos Bilaterais:** O **Acordo de Livre Comércio EUA-Coreia** (KORUS FTA) assina essa dependência, promovendo relações comerciais profundas e complexas.

*Influência Política*

- **Pressão Diplomática:** Washington exerce influência sobre os temas políticos internos e externos da Coreia do Sul, especialmente em decisões diplomáticas relacionadas ao **nuclearismo da Coreia do Norte** e às relações com a **China** e o Japão.
- **Consultas Políticas:** As decisões políticas significativas, especialmente sobre **questões militares e segurança,**

frequentemente passam por análises e consultas entre os líderes dos dois países, sublinhando o poder da influência americana.

## 3. Aspectos Sociais e Culturais

*Influência da Cultura Americana*

- **Americanização:** Desde os anos 50, a presença militar e econômica dos EUA influenciou profundamente a cultura e a sociedade sul-coreana. Elementos culturais americanos, como a música pop, o cinema, a moda e a gastronomia, fazem parte do cotidiano dos jovens coreanos.
- **Mídia Americana:** Séries, filmes e músicas americanos têm um impacto cultural significativo, moldando os valores e comportamentos das gerações mais jovens.

## 4. Questões Estratégicas e a Guerra da Coreia

*O Papel das Bases Americanas*

As **bases americanas** na Coreia do Sul não apenas garantem a proteção do país contra ameaças externas (como a Coreia do Norte), mas também têm a função estratégica de posicionar os EUA no **cenário asiático**, garantindo influência militar e econômica na região.

- **Controle Regional:** Essa presença militar também serve como um elemento de dissuasão para países como a **China**, com a intenção clara de conter o avanço do poder chinês no sudeste asiático.

## 5. A Dependência e os Desafios Soberanos

*Decisões Independentes Comprometidas*

Apesar da **soberania formal** da Coreia do Sul, os acordos militares e econômicos criam uma dependência significativa:

- **Decisões Governamentais:** Muitas vezes, decisões políticas e sociais no país são influenciadas pelo apoio e pela aprovação dos interesses americanos.
- **Críticas Internas:** No cenário doméstico, há críticas por parte da sociedade sul-coreana, que questiona o verdadeiro grau de **independência** e o preço que o país paga por essa relação tão estreita com os EUA.

*Questão Nacional e Orgulho Soberano*

- Muitas vozes no país expressam um desejo crescente de **maior autonomia**, buscando diversificar alianças internacionais e fortalecer relações independentes com outros países asiáticos, como **China, Rússia e o Japão**, para diminuir a dependência total dos EUA.

## 6. Conclusão

A ideia de que a **Coreia do Sul** seria uma espécie de "colônia" dos EUA não está errada no contexto das relações profundas entre os dois países. A presença militar constante, a dependência econômica e o impacto cultural mostram que os interesses dos Estados Unidos estão entrelaçados de forma significativa ao destino da Coreia do Sul.

Porém, essa relação não é apenas um ato unilateral dos Estados Unidos; ela também é moldada pelas decisões estratégicas e interesses econômicos do próprio governo sul-coreano. A busca pela sobrevivência econômica, estabilidade política e poder militar faz com que a Coreia do Sul navegue em um equilíbrio instável entre **lealdade estratégica aos EUA e desejo de independência soberana**, um dilema que persiste até os dias atuais no cenário das dinâmicas políticas e culturais globais.

# CAPÍTULO 6: INTERVENÇÕES MILITARES E APOIO A DITADURAS NA AMÉRICA LATINA

## 1. O Contexto das Intervenções Americanas na América Latina

Desde o início do século XX, os Estados Unidos têm desempenhado um papel central na política e nos conflitos internos da **América Latina**, tanto por meio de intervenções militares diretas quanto por apoio a regimes ditatoriais. O interesse dos EUA na região não surgiu apenas de motivos econômicos e estratégicos, mas também pela sua visão de **controle político e influência regional**, visando combater o avanço do comunismo e proteger os investimentos americanos em empresas e recursos naturais.

## 2. A Doutrina Monroe e a Influência Americana

*Origens Históricas*

A base das intervenções americanas na América Latina está na **Doutrina Monroe**, proclamada em **1823**, que afirmou que os EUA não tolerariam a intervenção das potências europeias no hemisfério ocidental.

- **Objetivo Estratégico:** A Doutrina Monroe passou a ser usada como justificativa para intervenções militares e apoio a governos que garantissem os interesses americanos no continente.

- **Interesse Econômico e Geopolítico:** Isso garantiu acesso a recursos naturais, mercados e poder militar, posicionando os EUA como figura dominante na geopolítica latino-americana.

## 3. O Papel das Intervenções Militares Diretas

*Panamá e a Separação*

- **Objetivo:** Em **1903**, os EUA apoiaram a independência do Panamá da Colômbia para obter o controle do **Canal do Panamá**, uma rota estratégica crucial para o comércio e defesa dos interesses americanos.
- **Consequências:** O apoio militar e político garantiu o controle total dos EUA sobre o canal por décadas, apesar das críticas e tensões internacionais.

### Intervenções no Haiti e República Dominicana

Entre **1915 e 1934**, os EUA ocuparam o **Haiti** e a **República Dominicana**, com o objetivo de proteger investimentos americanos e instalar governos favoráveis ao comércio e interesses econômicos.

- **Resultados:** Esses governos resultaram em **expropriação de recursos e exploração econômica**, mas também em repressão política e social, com muitos cidadãos sofrendo violência e pobreza.

## 4. Apoio às Ditaduras no Contexto da Guerra Fria

Durante a **Guerra Fria**, a política dos EUA na América Latina passou a ter um foco em combater o comunismo e a influência soviética no continente. Muitas vezes, isso significou **apoio a ditadores militares**, mesmo que esses governos fossem responsáveis por repressão e violações dos direitos humanos.

### Chile: Pinochet e o Golpe Militar

- **Golpe de 1973:** O golpe liderado pelo general **Augusto Pinochet**, que derrubou o governo democraticamente eleito de **Salvador Allende**, contou com o apoio financeiro e logístico dos EUA.
- **Consequências:** Sob o regime de Pinochet, o Chile viveu anos de repressão brutal, torturas e assassinatos. O apoio dos EUA buscava assegurar um regime favorável ao mercado livre e ao capitalismo.

### Argentina e a Ditadura Militar

- Durante a ditadura militar argentina (**1976-1983**), os EUA forneceram **apoio político e material**, visando consolidar os interesses americanos na região.
- A repressão brutal no país resultou em milhares de

desaparecimentos e mortes, mas os interesses econômicos e estratégicos americanos se mantiveram.

## 5. O Papel das Agências Secretas e Treinamento Militar

*CIA e o Treinamento das Forças Armadas*

- A **Agência Central de Inteligência Americana (CIA)** desempenhou um papel crucial no treinamento e apoio das **forças armadas** latino-americanas.

- Muitos líderes militares foram treinados nos EUA e enviados de volta aos seus países para instaurar regimes autoritários e combater a oposição política.

*Escola das Américas*

- A **Escola das Américas**, localizada no Panamá, treinou centenas de oficiais militares de diversos países latino-americanos, tornando-se um **símbolo das intervenções americanas**.

- Muitos desses oficiais participaram diretamente de violações de direitos humanos e repressão política em seus respectivos países.

## 6. Impacto Social e Político

*Repressão e Desigualdade Social*

- A instalação dessas ditaduras frequentemente levou ao **empobrecimento das populações**, expropriação das terras e **desigualdade social**, com os trabalhadores e camponeses sendo os mais afetados.

- Muitas vezes, os recursos naturais foram explorados por empresas americanas, deixando os locais em situação de extrema pobreza e dependência econômica.

*Corrupção e Descontentamento Social*

- Em muitos países, a corrupção e a incompetência dos governos apoiados pelos EUA criaram um ciclo de **descontentamento social e político**, resultando em protestos, tumultos e, em alguns casos, em **guerra civil**.

## 7. O Declínio das Intervenções Diretas

No cenário atual, os EUA ainda têm presença na América Latina, mas a abordagem mudou:

- **Soft Power:** Em vez de intervenções militares diretas, os

EUA preferem usar o **soft power**, com apoio econômico e acordos comerciais.

- **Iniciativas Diplomáticas:** Há esforços através de **ONGs, acordos comerciais e investimentos**, mas ainda é visível o interesse em garantir controle e influência na economia e política da região.

## 8. Conclusão

As intervenções militares e o apoio às ditaduras na América Latina revelam o lado sombrio das estratégias americanas. Apesar das justificativas econômicas e políticas, a verdade é que os EUA, em muitos casos, **priorizaram os próprios interesses**, sacrificando o bem-estar das populações locais e ignorando os direitos humanos.

A relação entre os EUA e a América Latina é um **capítulo crucial para entender o impacto das decisões políticas americanas**, tanto no contexto econômico quanto no social e cultural. Isso demonstra como a busca pelo poder e influência na região tem um custo alto, marcado pela exploração, repressão e, muitas vezes, pelo sofrimento das pessoas que vivem nos países latino-americanos.

# CAPÍTULO 7: BRASIL E EUA – UMA RELAÇÃO MARCADA POR CONTROLE E CONTRADIÇÃO

## 1. O Golpe de 1964 e o Papel dos EUA

*Contexto Histórico e Geopolítico*

Durante os anos 1960, o Brasil era um dos principais alvos do interesse geopolítico dos Estados Unidos na América Latina. No contexto da **Guerra Fria**, os EUA temiam o avanço das ideias comunistas e buscavam combater qualquer movimento de esquerda na região. Isso colocou o Brasil em uma posição estratégica, sendo considerado um dos pontos-chave para conter a influência soviética na América Latina.

- **O Golpe Militar de 1964**: O golpe militar que derrubou o governo de **João Goulart** e instaurou um regime militar no Brasil contou com o apoio explícito e velado dos EUA. Documentos desclassificados ao longo dos anos revelaram o papel das agências americanas, especialmente a **CIA**, no treinamento e apoio das forças militares brasileiras.

- **Objetivo:** Garantir que o Brasil permanecesse um aliado do capitalismo e um bastião do poder econômico e político dos EUA na América Latina, facilitando acordos comerciais e investimentos estratégicos.

*Ajuda Financeira e Logística*

- **Financiamento e Treinamento:** Durante os anos 60 e 70, os EUA enviaram **recursos financeiros e treinamento militar**, visando consolidar o poder das forças armadas brasileiras.

- **Influência Política:** O apoio americano ajudou a estabelecer a estrutura política do regime militar, que durou **21 anos**, resultando em repressão brutal, censura, tortura e exílios forçados de opositores políticos.

## 2. Brasil como Quintal dos EUA – Relação Econômica e Influência Cultural

*Parcerias Econômicas e Domínio das Multinacionais*

- O Brasil é um dos maiores parceiros econômicos dos EUA na América Latina, mas essa relação tem gerado **desigualdade e dependência**.

- Muitas empresas americanas controlam setores chave da economia brasileira, como **mineração, energia e agronegócio**, explorando recursos naturais e deixando pouca margem para desenvolvimento econômico interno.

*Influência Cultural e Ideológica*

- A cultura americana domina o cotidiano brasileiro, desde a música pop até a publicidade e o cinema.

- Filmes, séries e músicas hollywoodianas são amplamente consumidos no Brasil, criando um **"american way of life"** que atrai muitos jovens e influências sociais.

- Muitos brasileiros veneram o **sonho americano**, acreditando que a vida nos EUA representa o sucesso, a liberdade e o poder.

## 3. Imigrantes Brasileiros nos EUA – Sonho e Desilusão

*A Busca pelo Futuro*

- São milhares os brasileiros que deixam o país em busca do sonho de uma vida melhor nos EUA, atraídos pela promessa de oportunidades, emprego e sucesso econômico.

- A presença de brasileiros em estados como **Massachusetts, Florida e New Jersey** demonstra a forte conexão entre os dois países.

*Obstáculos e Desprezo dos EUA*

- Apesar dessa relação próxima, o tratamento dado aos brasileiros nos EUA frequentemente é marcado pelo **preconceito, discriminação e barreiras burocráticas**.

- Muitos brasileiros enfrentam dificuldades no acesso ao mercado de trabalho, têm que aceitar salários mais baixos e enfrentam problemas com a documentação e o sistema de imigração americano.

- **Restrição de Entrada e Perseguição:** A burocracia americana e a implementação de políticas migratórias severas dificultam o processo de obtenção de visto e residência permanente, mostrando o desprezo dos EUA por imigrantes brasileiros.

## 4. Cooperação e Dependência Estratégica

*Parcerias Militares e Treinamento*

- Assim como no golpe militar de 1964, os EUA continuam a ter **influência significativa no treinamento das forças armadas brasileiras.**

- Exercícios militares conjuntos e programas de treinamento continuam a fortalecer os laços entre os militares dos dois países, servindo tanto ao interesse americano quanto ao do governo brasileiro em manter o alinhamento político e econômico com os EUA.

*Acordos Comerciais e Investimentos*

- Diversos acordos entre os EUA e o Brasil visam fortalecer o **comércio bilateral**, mas muitas vezes são desproporcionais e favoráveis apenas aos interesses americanos.

- Grandes multinacionais americanas dominam o mercado interno brasileiro e garantem lucros substanciais, enquanto o Brasil frequentemente fica dependente dessas empresas, perdendo o controle sobre os próprios recursos.

## 5. A Contradição do Sonho Americano e o Real Desprezo

*Aspiração e Realidade*

- Muitos brasileiros ainda têm o **sonho de viver nos EUA**, acreditando que lá encontrarão o sucesso e a estabilidade.

- No entanto, os relatos de discriminação racial, dificuldades econômicas e barreiras migratórias revelam a dura realidade que muitos enfrentam ao tentar viver esse sonho.

- A cultura americana é vendida como um ideal, mas raramente considera os desafios e obstáculos que brasileiros devem enfrentar para alcançar esse objetivo.

*A Falta de Apoio e Solidariedade*

- Mesmo com um fluxo significativo de investimentos e acordos entre os dois países, os EUA raramente apoiam o Brasil em questões sociais e políticas.

- Problemas como a violência urbana, a desigualdade social e a corrupção não recebem atenção americana substancial, mostrando o interesse limitado dos EUA em resolver questões internas brasileiras.

## 6. Conclusão

A relação entre os EUA e o Brasil é marcada por interesses estratégicos, econômicos e políticos, mas também por **desprezo, controle e desigualdade**.

Os EUA, ao buscar seus objetivos de influência econômica e poder regional, usaram o Brasil como um campo de testes de suas estratégias de poder, tanto por meio de apoio aos golpes militares quanto pelo uso das multinacionais e investimentos.

A relação também apresenta um cenário paradoxal: brasileiros sonham em migrar para os EUA, atraídos pelo ideal americano, mas frequentemente encontram barreiras raciais, sociais e burocráticas.

Essa relação simboliza a dinâmica imperialista americana, em que os interesses das empresas e o poder do Estado muitas vezes vêm antes do bem-estar social e da dignidade das populações locais. O Brasil, enquanto parceiro estratégico, continua sendo um país em que a relação com os EUA apresenta ganhos externos significativos, mas perdas internas profundas e sistêmicas.

# CAPÍTULO 8: CASOS DE ESPIONAGEM E SABOTAGEM DE DEMOCRACIAS – O IMPÉRIO DAS SOMBRAS

## 1. A Prática Sistêmica de Espionagem dos EUA

Os Estados Unidos não apenas mantêm relações econômicas e políticas com o mundo, mas também desempenham um papel crucial na espionagem global, frequentemente violando a soberania de outros países. Desde agências como a **CIA**, a **NSA** e a **FBI**, a espionagem americana é um pilar fundamental das estratégias internacionais, com o objetivo de proteger interesses econômicos e políticos, manipular cenários e enfraquecer os adversários em potencial.

*Os Propósitos da Espionagem*

- **Controle Político**: O objetivo principal é influenciar decisões políticas em países estrangeiros, garantindo governos favoráveis ao alinhamento ideológico e econômico dos EUA.
- **Controle Econômico**: Empresas americanas frequentemente têm acesso a informações privilegiadas que ajudam em investimentos estratégicos e decisões financeiras.
- **Segurança Nacional e Domínio Militar**: A espionagem também busca antecipar movimentos militares e obter vantagens estratégicas no campo de batalha.

## 2. O Caso da Agência Central de Inteligência (CIA) e a Subversão de Democracias

*Intervencionismo na América Latina*

A CIA desempenhou um papel central na sabotagem e derrubada de democracias no continente latino-americano. Diversos golpes e operações clandestinas foram realizados para proteger interesses americanos e combater a influência do comunismo, resultando em graves consequências sociais e políticas para os países afetados.

**Golpe no Chile (1973)**

- O golpe que derrubou o governo socialista de **Salvador Allende**, no Chile, é um dos exemplos mais conhecidos.
- A CIA financiou e apoiou operações secretas que facilitaram o golpe liderado pelo general **Augusto Pinochet**, substituindo um governo democraticamente eleito por um regime militar brutal.
- Isso garantiu os interesses econômicos das empresas americanas no país e consolidou a presença das multinacionais no controle das riquezas chilenas, como mineração e agricultura.

**Guatemala (1954)**

- Outro caso emblemático é a **Operação PBSUCCESS**, na Guatemala, onde a CIA orquestrou a queda do governo democraticamente eleito de **Jacobo Árbenz** em 1954.
- Árbenz implementou políticas de reforma agrária que afetaram os interesses da **United Fruit Company**, uma empresa americana poderosa.
- O resultado foi a instalação de uma ditadura militar que durou anos, deixando a população guatemalteca em sofrimento e instabilidade social.

*Sabotagem no Irã – Operação Ajax (1953)*

- No Irã, a CIA ajudou a organizar o golpe conhecido como **"Operação Ajax"** em 1953, visando derrubar o premiê **Mohammed Mossadegh**, que havia nacionalizado a indústria do petróleo no país.
- Mossadegh era visto como uma ameaça aos interesses das empresas petrolíferas americanas e britânicas.
- O golpe permitiu que a **CIA** e a empresa britânica **BP** mantivessem o controle das reservas de petróleo iranianas, garantindo a exploração desses recursos de maneira lucrativa para os EUA e aliados.

## 3. Caso Snowden – A Verdade Exposta

*Edward Snowden e a Revelação dos Segredos*

Em 2013, o ex-agente da NSA, **Edward Snowden**, revelou ao

mundo a magnitude das operações de espionagem dos Estados Unidos. Ele trouxe à tona práticas clandestinas e ilegais que mostraram como os EUA monitoram não apenas os inimigos políticos, mas também aliados próximos.

- **Monitoramento de Líderes Mundiais**: Snowden revelou que a NSA estava realizando espionagem em larga escala contra líderes estrangeiros, incluindo **Angela Merkel**, a então chanceler da Alemanha.
- **Violação de Privacidade em Massa**: A revelação também mostrou o extent do monitoramento da NSA sobre os próprios cidadãos americanos e pessoas em todo o mundo.

## 4. Espionagem e Sabotagem na Europa – O Caso do Caso Skripal e a Influência Oculta

*O Caso Skripal e o Papel das Agências Americanas*

- A **Rússia**, como um adversário histórico dos EUA, tornou-se um alvo constante das operações de espionagem americanas.
- O caso **Serguei Skripal**, um ex-espião russo, é um exemplo de sabotagem e espionagem em que a CIA e aliados americanos buscam desestabilizar operações e obter controle estratégico sobre a informação e influência.

## 5. Manipulação e Influência no Sistema Financeiro Global

*Wall Street e a Conspiração Financeira Americana*

- Muitos dos interesses das agências americanas também se concentram em manipular o sistema financeiro global em benefício das empresas e do poder econômico americano.
- Com estratégias secretas, o dólar é usado como um **instrumento de controle financeiro**, tornando os EUA o epicentro das decisões econômicas globais.
- Manipulações financeiras no mercado europeu e asiático mostram como o dólar pode ser usado tanto como ferramenta de poder quanto como meio de enriquecimento das elites americanas.

## 6. Impacto Social e Ético – A Destruição das Democracias

*Perdas das Sociedades Democráticas*

- As intervenções americanas em democracias frequentemente resultam em **desestruturação social, pobreza e repressão política.**
- Esses países não apenas perdem sua soberania, mas também a capacidade de tomar decisões democráticas e autônomas, com a presença das multinacionais americanas e instituições financeiras externas tomando controle das economias locais.

*Falta de Transparência*

- A opacidade das operações secretas, tanto pela **CIA** quanto pelas agências de espionagem modernas, mantém os cidadãos e os próprios aliados no escuro.
- Muitos países enfrentam a dificuldade de recuperar a estabilidade social e econômica depois das operações americanas, deixando um legado de instabilidade e subdesenvolvimento.

# 7. Conclusão

Os Estados Unidos não apenas desempenham um papel central no cenário global como potência econômica e militar, mas também implementam práticas clandestinas que destroem democracias, violam a soberania de países e exploram recursos e interesses próprios à custa das populações locais.

Agências como a **CIA** e a **NSA** revelam um cenário em que os EUA utilizam espionagem e sabotagem para consolidar poder e influência, implementando um controle silencioso e eficaz sobre governos e recursos ao redor do mundo. Em nome do poder econômico e político, os EUA subvertem os princípios democráticos, perpetuam desigualdades e exploram tanto aliados quanto adversários.

É um sistema de poder que beneficia apenas o império americano e seus interesses financeiros, enquanto a grande maioria das pessoas nos países afetados vive sob o peso das consequências e da destruição gerada pela intervenção americana.

# CAPÍTULO 9: A ILUSÃO DO PODER MILITAR – HERÓIS OU FRACASSADOS?

## 1. A Mídia e o Marketing do Poderio Americano

Os Estados Unidos frequentemente se posicionam como a **maior força militar do planeta**, a potência que traz estabilidade ao mundo e defende os valores democráticos. No entanto, a realidade é bem diferente da imagem projetada pela mídia e pela propaganda. O verdadeiro histórico militar dos EUA está longe das vitórias gloriosas e das conquistas heroicas frequentemente exibidas em filmes e campanhas publicitárias. Em vez disso, os EUA possuem um histórico marcado por **fracassos, derrotas humilhantes e decisões questionáveis**, revelando a fragilidade do seu poderio militar.

## 2. A Bomba Atômica e o Suposto Poderio Militar

*Hiroshima e Nagasaki – Um Poderio Cruel e Desproporcional*

É inegável que o único "feito" realmente impactante dos EUA na Segunda Guerra Mundial foi a decisão de lançar **duas bombas atômicas**, em **Hiroshima** e **Nagasaki**. Mas isso não representa um ato de poder militar legítimo; em vez disso, foi um ato brutal que destacou a capacidade destrutiva das bombas atômicas, e não a força militar em combate direto.

- **Propaganda e Intimidação**: O lançamento dessas bombas foi tanto um teste das capacidades tecnológicas quanto uma mensagem clara para os soviéticos durante o início da Guerra Fria.
- **Falta de Glória Militar Real**: O poderio dos EUA não surgiu de batalhas prolongadas e estratégias militares sofisticadas, mas do uso devastador e impiedoso dessa nova tecnologia.

## 3. O Fracasso no Vietnã – A Humilhação de um Império

### *A Guerra do Vietnã – Derrota em Terreno Estrangeiro*

A Guerra do Vietnã é um dos capítulos mais emblemáticos desse fracasso. Os Estados Unidos, com sua **superioridade técnica e militar**, foram derrotados por guerrilheiros vietnamitas que usaram estratégias de guerrilha e conhecimento local.

- **Exércitos Despreparados e Estratégia Falha**: Apesar de um investimento militar colossal e a mobilização de centenas de milhares de soldados, os EUA não conseguiram vencer a resistência vietnamita.

- **Impacto Interno**: Essa derrota não apenas minou o poderio militar dos EUA, mas também teve impactos sociais profundos no país, como a **queda da moral dos soldados** e o aumento de traumas psicológicos e sociais entre a população americana.

## 4. Outras Guerras e Golpes Fracassados

### *Guerra no Iraque – Mentiras e Desastres*

Em **2003**, os Estados Unidos invadiram o Iraque, justificando a busca por **armas de destruição em massa**, uma justificativa que depois se revelou **infundada e fabricada**.

- **Derrotas e Instabilidade**: A invasão resultou em uma guerra prolongada, sem vitória decisiva, e a destruição do país, sem trazer a **"liberdade"** prometida.

- **Caos Social e Regional**: Em vez disso, o Iraque mergulhou em um cenário de violência, com grupos extremistas como o **Estado Islâmico** ganhando poder e desestabilizando a região inteira.

### *Afeganistão – Duas Décadas de Falhas*

A invasão do **Afeganistão**, iniciada em **2001**, também mostrou o fracasso do poderio militar americano:

- **Duas Décadas, Nenhuma Vitória**: Apesar das promessas de vitória e controle sobre o país, os EUA saíram em **agosto de 2021**, derrotados, deixando o poder em mãos do **Talibã**.

- **Investimento Bilionário, Resultado Desastroso**: Foram gastos trilhões de dólares e milhares de vidas americanas, mas o cenário final foi o controle absoluto dos talibãs, mostrando o quanto os EUA falharam em estabelecer um poder militar duradouro e eficiente em solo afegão.

*Coreia do Norte – O Empasse Militar*

Outro exemplo significativo do fracasso dos EUA em conflitos prolongados é a **Guerra da Coreia**:

- **Um Empasse Duradouro**: Apesar de uma presença militar robusta e tecnologia avançada, os EUA não conseguiram conquistar a vitória no terreno coreano, resultando apenas no **armistício de 1953**, sem solução definitiva.
- **Divisão Permanente**: Isso deixou a **Coreia do Norte e a Coreia do Sul** permanentemente divididas, um reflexo do impasse militar e estratégico americano.

## 5. Espionagem e Sabotagem – Força Oculta e Estratégias Subterrâneas

*CIA e Sabotagem*

Os EUA frequentemente recorrem a **agências clandestinas**, como a **CIA**, para conduzir operações secretas em que a força militar direta é substituída por **espionagem e sabotagem**.

- **Golpes no Oriente Médio e América Latina**: Muitas dessas operações, que incluem a derrubada de governos, apoio a ditaduras e financiamento clandestino, revelam a **fraqueza real do poder militar americano**, substituído pela manipulação e pela influência financeira.
- **Dependência de Táticas Não Convencionais**: Isso demonstra que o poder dos EUA não vem de habilidades militares superiores, mas de **estratégias econômicas e subversivas**, como espionagem, manipulação e financiamento indireto.

## 6. A Propriedade Militar dos EUA e o Marketing de Poder

*O Excesso de Propaganda e Realidade Desarmada*

Os EUA usam sua **potência midiática** para criar um marketing impressionante sobre sua força militar:

- **Filmes e Noticiários**: Hollywood e a mídia americana frequentemente promovem a imagem do soldado americano como um **herói invencível**, mas os fatos militares reais mostram um cenário bem mais frágil e problemático.

- **Investimentos Desproporcionais**: Gastar trilhões em tecnologia e equipamentos militares não significa ter um poder real em batalha. Muitas vezes, os investimentos são **apenas despesas com marketing e propaganda**, em vez de ações estratégicas eficazes.

## 7. Conclusão – A Verdadeira Face dos EUA como Potência Militar

A ideia dos Estados Unidos como a maior força militar do mundo é, na melhor das hipóteses, um mito construído por uma combinação de **propaganda midiática e interesses econômicos**. Historicamente, os EUA não têm um número significativo de vitórias militares relevantes, mas sim um longo histórico de derrotas, impasses e fracassos.

O poderio dos Estados Unidos está mais presente em suas **agências de espionagem**, em sua influência econômica e em suas estratégias de manipulação política e financeira, e não em batalhas gloriosas ou vitórias militares convencionais. A verdadeira face dos EUA, então, não é a de um poder invencível e heroico, mas a de um sistema em que a força militar é frequentemente substituída pela influência econômica, pela subversão e pela manipulação.

# CAPÍTULO 10: O CASO WATERGATE – A ESPIONAGEM POLÍTICA E O DESMORONAMENTO DO PODER

## 1. O Início do Caso Watergate – Espionagem e Ambição

Em **17 de junho de 1972**, a história dos Estados Unidos foi marcada por um dos maiores escândalos políticos de sua história: o **Caso Watergate**. O nome do escândalo vem do prédio **Watergate**, localizado em Washington D.C., que abrigava os escritórios do Comitê Nacional do Partido Democrata. Esse caso revelou a face sombria do poder político americano, a corrupção em altos cargos e a fragilidade das estruturas democráticas do país.

Na época, o presidente **Richard Nixon**, líder do Partido Republicano, buscava reeleger-se em 1972 e, para isso, implementou estratégias de espionagem contra o Partido Democrata. No entanto, essa busca obsessiva pelo poder acabou expondo o que muitos já desconfiavam: a corrupção e os métodos questionáveis no interior do governo americano.

## 2. O Escândalo e a Prisão dos Invasores

O ponto crucial do caso ocorreu quando cinco homens foram presos ao invadir o prédio do Comitê Nacional Democrata, localizado no edifício **Watergate**. Sua missão era **espionar documentos e instalar equipamentos de escuta**, mas essa operação acabou expondo uma trama muito maior do que um simples ato de espionagem.

- **Ordem do Alto Escalão**: Investigou-se que o próprio gabinete presidencial e figuras próximas a Nixon estavam por trás do esquema.
- **Objetivo Principal**: Espionar e sabotar o Partido Democrata para obter vantagens no processo eleitoral, revelando o uso de práticas ilegais e antiéticas no coração do poder político

americano.

## 3. A Revelação do Poder Midiático e o Papel da Imprensa

*O Papel de Bob Woodward e Carl Bernstein*

O caso Watergate foi amplamente investigado e exposto pela mídia americana, principalmente pelos **jornalistas do Washington Post**, **Bob Woodward** e **Carl Bernstein**. Eles desempenharam um papel crucial ao revelar os detalhes do escândalo, expondo a conexão entre a espionagem e os membros do gabinete de Nixon.

- **Impacto Midiático**: O papel desses jornalistas ilustrou o poder da imprensa americana como um **fiscal do governo**, uma força que poderia desafiar até mesmo o presidente da República.
- **Investigação Independente**: A coragem e a determinação dos jornalistas em buscar a verdade contrastaram com o desejo do governo de esconder a corrupção, simbolizando a luta entre os poderes estabelecidos e aqueles comprometidos com a verdade.

## 4. A Renúncia de Nixon – Um Desfecho Humilhante

Em **9 de agosto de 1974**, Richard Nixon renunciou ao cargo de presidente dos Estados Unidos, tornando-se o único presidente da história americana a fazê-lo.

*Pressão do Congresso e o Poder do Impeachment*

- **Impeachment Iminente**: As evidências contra Nixon eram tão claras e abrangentes que o Congresso americano considerou um **processo de impeachment**, o que deixaria o presidente em uma posição insustentável.
- **Renúncia como Salvamento**: Renunciar foi a única forma de evitar um impeachment, mantendo alguma dignidade institucional e evitando que o país entrasse em um caos político.

## 5. Implicações do Caso Watergate – Desafios Democráticos e a Perda da Confiança

*A Desilusão Popular*

O caso Watergate não apenas abalou a imagem presidencial,

mas também teve implicações profundas para a confiança da população americana no governo.

- **Desconfiança Generalizada**: A revelação do uso de espionagem e atos ilegais por figuras tão altas no governo fez com que os americanos questionassem **a legitimidade das instituições governamentais**, aumentando o ceticismo e a alienação política.
- **Crise de Confiança**: A confiança em figuras políticas, congressistas e instituições públicas foi severamente prejudicada, resultando em um cenário de descrédito que persiste até hoje no imaginário popular.

*Mudanças no Governo e Reformas Políticas*

Como resposta ao caso Watergate, foram implementadas várias mudanças institucionais e legislativas:

1. **A Lei de Ética no Governo** – Criou medidas rigorosas de transparência e ética entre os membros do governo.
2. **Reforço do Papel do Congresso** – Tornou o poder legislativo um fiscal mais ativo das ações do executivo, garantindo maior equilíbrio entre os poderes.
3. **Reorganização das Práticas de Mídia e Investigação** – Reforçou a importância da mídia independente como um **elemento crucial na democracia**, garantindo o papel dos jornalistas como fiscalizadores do poder político.

## 6. O Caso Watergate e o Poder Americano – Uma Reflexão Crítica

*A Face Oculta da "Democracia" Americana*

O caso Watergate representa um episódio revelador da natureza do poder nos EUA:

- **Uso da Espionagem por Membros do Governo**: O caso expôs como figuras do mais alto escalão usaram práticas ilegais para manter seu poder e influenciar o cenário político.
- **Instituições Desgastadas e Poderes Ocultos**: Ele destacou a **influência das agências secretas**, como a CIA, e como o governo pode operar de maneira clandestina, traindo a confiança do povo.

*Questionamento do Patriotismo e das Motivações Políticas*

- **Propaganda vs. Realidade**: Os EUA frequentemente apresentam sua imagem como defensores dos direitos humanos e promotores da democracia, mas casos como o Watergate revelam um cenário em que o poder é usado de maneira **antiética e manipulativa**, visando apenas a sobrevivência e o sucesso político.
- **Poder e Responsabilidade**: O caso questiona a responsabilidade dos líderes em relação ao seu compromisso com o povo e a democracia, expondo os **equívocos e os dilemas éticos** do poder absoluto.

## 7. Conclusão

O caso **Watergate** não apenas derrubou o governo Nixon, mas também trouxe à tona o verdadeiro funcionamento das instituições americanas e os métodos através dos quais o poder é exercido nos Estados Unidos. Mais do que um exemplo de espionagem política e derrota presidencial, ele serve como um alerta de que a fachada de democracia e ética frequentemente esconde práticas autoritárias e corrupção.

A imagem dos Estados Unidos como um símbolo de democracia e força moral foi severamente enfraquecida, deixando em evidência um cenário de **manipulação política, espionagem clandestina e interesses egoístas**, revelando o contraste entre o discurso público e a realidade do poder governamental americano.

# CAPÍTULO 11: A CRISE ECONÔMICA DE 2008 – SALVANDO OS RICOS, ESMAGANDO OS POBRES

## 1. O Cenário Pré-Crise – A Festa do Crédito Fácil e o Descontrole Financeiro

Antes de 2008, a economia americana vivia um período de euforia, marcado pelo crescimento acelerado e pela aparente estabilidade financeira. O sonho de possuir imóveis, ter crédito fácil e viver em um cenário de consumo constante parecia ao alcance de todos. No entanto, por trás dessa fachada, os Estados Unidos estavam construindo o que viria a ser a **maior crise econômica desde a Grande Depressão** de 1929.

*O Papel dos Bancos e do Sistema Financeiro*

Os bancos e empresas financeiras desempenharam um papel crucial nessa situação:

- **Crédito Descontrolado e Hipotecas Subprime:**
  No coração da crise estava o mercado de **hipotecas subprime** – empréstimos concedidos a pessoas com histórico financeiro instável. Bancos ofereciam essas hipotecas sem verificar adequadamente a capacidade dos tomadores de pagar suas dívidas.
  - Muitos americanos, atraídos pelo sonho da casa própria, contraíram hipotecas que sabiam não poder pagar.
  - As instituições financeiras, em busca de lucros rápidos, começaram a agrupar essas hipotecas em produtos financeiros complexos, conhecidos como **"derivativos"**, e a vendê-los no mercado global.

- **A Falência do Lehman Brothers**
  Em setembro de 2008, a quebra do **banco Lehman**

**Brothers**, um dos pilares do mercado financeiro americano, tornou-se o símbolo do colapso financeiro.

- A falência desse banco gerou um **efeito dominó**, que afetou todo o sistema financeiro dos EUA e se espalhou globalmente, levando a uma recessão mundial.
- A decisão do governo americano de deixar o Lehman Brothers falir, sem salvá-lo, mostrou o descompromisso das grandes instituições financeiras com os cidadãos comuns e o interesse apenas pelos lucros das grandes empresas.

## 2. O Papel do Governo e a Falta de Regulação

*George W. Bush e o Ato da Desregulamentação*

O cenário da crise foi agravado pela abordagem do governo dos Estados Unidos em relação à desregulamentação do mercado financeiro:

- Durante o governo de **George W. Bush**, houve um movimento significativo de **desregulamentação das instituições financeiras**, visando ao crescimento econômico e à liberdade dos negócios.
- A falta de fiscalização das práticas dos bancos e empresas financeiras permitiu o surgimento de produtos financeiros arriscados e especulativos, que criaram um **mercado instável e imprevisível**.

*O Papel do Federal Reserve*

O **Federal Reserve (o Banco Central dos EUA)** também desempenhou um papel importante na crise:

- Durante anos, o Federal Reserve manteve taxas de juros **extremamente baixas**, incentivando o crédito fácil e o consumo excessivo.
- Em vez de regular adequadamente o mercado, os bancos centrais, em muitos momentos, **permitiram que o setor financeiro seguisse seus próprios interesses**, mesmo que isso significasse arriscar a estabilidade econômica do país.

## 3. O Resgate aos Ricos – Salvando o Sistema Financeiro, Ignorando o Povo

### O Plano de Resgate de 700 Bilhões (TARP)

Quando a crise atingiu seu ápice, o governo dos EUA, sob a liderança do presidente **George W. Bush**, decidiu adotar o famoso **Plano de Resgate do Mercado Financeiro (TARP)**:

- **Resgatando os Bancos**: O TARP injetou **700 bilhões de dólares** nos bancos e grandes instituições financeiras, garantindo sua sobrevivência e estabilidade.

- **Pouca Proteção ao Cidadão Comum**: Embora os bancos fossem salvos, os trabalhadores e famílias comuns ficaram à margem. Muitas pessoas perderam suas casas, seus empregos e suas economias.

### O Papel de Wall Street

As grandes empresas financeiras e executivos de Wall Street continuaram a viver em luxo:

- **Bônus Milionários**: Apesar do resgate financeiro, muitos executivos bancários receberam **bônus milionários**, ignorando a gravidade do desemprego e do sofrimento das famílias americanas.

- **Fortunas Conservadas**: A crise revelou como o dinheiro público foi usado para **salvar os interesses das elites**, sem repartir os recursos ou benefícios entre aqueles que realmente sustentam a economia.

## 4. Como os Pobres e a Classe Média Foram Afetados

### Perda das Casas e o Mercado Imobiliário Desmoronado

- Muitas famílias americanas perderam suas casas devido ao **não pagamento das hipotecas**, uma consequência direta das práticas predatórias das instituições financeiras.

- A queda do mercado imobiliário deixou milhões de americanos endividados e sem o suporte econômico necessário, exacerbando o cenário de pobreza e insegurança.

### Desemprego em Massas e a Instabilidade Social

- O colapso econômico gerou um **índice alarmante de desemprego**, atingindo níveis de mais de **10%** nos anos seguintes ao colapso de 2008.

- A classe média americana foi a mais afetada, perdendo

**poupanças, investimentos e estabilidade econômica.**

*Assistência Social e Falência das Políticas Públicas*

- Muitas pessoas dependiam dos **programas sociais e assistência do governo**, mas a resposta das políticas públicas mostrou-se lenta e ineficaz.

- Políticas e programas de assistência social não conseguiram resolver a magnitude dos problemas e muitos cidadãos enfrentaram **fome, falta de moradia e falta de acesso aos serviços de saúde.**

## 5. Lições que os EUA Deixaram – A Responsabilidade do Sistema Capitalista

*A Natureza do Sistema Capitalista e a Desigualdade*

- A crise de 2008 destacou o funcionamento do sistema capitalista nos EUA e sua relação com a **desigualdade social.**

- O capitalismo americano precisa, em muitos momentos, da **desigualdade econômica**, já que os lucros das empresas vêm do disparo de disparidades entre ricos e pobres.

*Políticas de Desregulamentação e o Preço do Lucro*

- A ideologia de **menor controle governamental** e a busca incessante pelo lucro acabaram custando a estabilidade do sistema financeiro e social.

- Isso mostra como o capitalismo pode ser um sistema que **favorece apenas os poderosos**, negligenciando aqueles que sustentam a economia através de trabalho e esforço.

## 6. Conclusão

A crise econômica de 2008 não apenas abalou o cenário financeiro dos Estados Unidos, mas revelou a face real das políticas e práticas desse país. O resgate das grandes empresas em detrimento das famílias comuns expôs a fragilidade das promessas do **"sonho americano"**, em que a estabilidade e a prosperidade dependem apenas de sorte e das decisões das elites financeiras.

O caso de 2008 serve como um alerta sobre a necessidade urgente de **reformas financeiras e regulatórias**, destacando que a prosperidade americana, muitas vezes, não é para todos. O sistema americano, em sua busca incessante pelo lucro e pela liberdade de mercado, deixou um legado de **desigualdade social, pobreza e perda das esperanças** de milhões de cidadãos.

# CAPÍTULO 12: A CIA E AS OPERAÇÕES SECRETAS – PODER, MANIPULAÇÃO E TORTURA

## 1. A CIA – Instrumento da Dominação Americana

A **Central Intelligence Agency (CIA)** não é apenas uma força de inteligência, mas um dos elementos mais emblemáticos das operações secretas e do poderio dos Estados Unidos. Desde sua fundação em 1947, a CIA tem sido responsável por operações clandestinas que vão além do papel da coleta de informações, envolvendo ações de **manipulação política, subversão e controle**, tanto no cenário interno quanto externo.

Muitos críticos consideram a CIA como um dos maiores exemplos das operações imperialistas americanas, destacando a disposição do governo dos EUA em usar **intervenções secretas para fortalecer seus próprios interesses**, ignorando as consequências humanas e sociais.

## 2. Mudança de Regimes – A Intervenção Americana em Outras Nações

*O Caso do Irã – Golpe de 1953*

Um dos exemplos mais conhecidos das operações clandestinas da CIA ocorreu em **1953**, quando a agência participou ativamente do **golpe que derrubou o primeiro-ministro do Irã, Mohammad Mossadegh**.

- Mossadegh havia nacionalizado a **Indústria Petrolífera**, o que ameaçava os interesses das grandes empresas petrolíferas americanas e britânicas.

- A CIA, em parceria com a inteligência britânica, orquestrou a **Operação Ajax**, que culminou na destituição de Mossadegh e no fortalecimento do poder do **Shah Mohammad Reza Pahlevi**, um aliado dos EUA no Oriente Médio.

- Essa intervenção não apenas consolidou o controle econômico dos EUA sobre o petróleo iraniano, mas também gerou **anos de repressão e instabilidade social**, sem considerar os danos humanos e políticos que a nação enfrentou.

*Guatemala – O Golpe de 1954*

Outro caso emblemático é o golpe em **Guatemala**, em **1954**, quando a CIA ajudou a derrubar o governo de **Jacobo Árbenz**, então presidente do país:

- Árbenz buscou implementar **reformas agrárias**, o que afetou negativamente os interesses das empresas **United Fruit Company**, que possuíam grandes terras no país.

- A CIA, visando proteger os interesses dessas empresas, executou a **Operação PBSUCCESS**, promovendo desestabilização, guerrilhas e violência no país.

- Esse golpe não apenas derrubou o governo de Árbenz, mas também deixou o país em **décadas de conflitos internos e instabilidade**, com violência e repressão política.

# 3. O MKUltra – Experimentos Antiéticos e Torturas Mentais

*Origens do MKUltra*

O projeto MKUltra foi um dos episódios mais **infames e controversos** envolvendo a CIA nos Estados Unidos. Durante a **Guerra Fria**, a CIA buscava métodos para fortalecer o controle e a influência americana em batalhas psicológicas e espionagem, visando obter uma vantagem sobre os soviéticos e outras potências rivais.

- **Objetivo:** Testar substâncias químicas, drogas (principalmente o LSD) e técnicas de controle mental em humanos.

- As operações incluíam desde **hipnose e privação sensorial até o uso de substâncias tóxicas**, visando manipular comportamentos e obter informações confidenciais.

*Experimentos em Humanos*

- Muitas das vítimas eram **civis inocentes, prisioneiros e até funcionários do governo**, que foram submetidos a tratamentos físicos e psicológicos intensivos e desumanizadores.
- Muitos sobreviventes sofreram danos **irreversíveis ao cérebro**, problemas de saúde mental, perda de memória e traumas psicológicos profundos.

*Implicações Éticas e Sociais*

- O MKUltra levanta perguntas sobre o verdadeiro papel das agências de inteligência americanas e sua disposição em **usar métodos brutais e antiéticos em nome do interesse nacional**.
- Após anos de sigilo, muitos desses experimentos vieram à tona no **final dos anos 70**, gerando escândalos e perda de credibilidade para a CIA e o governo americano perante o público e a sociedade.

# 4. A CIA e a Guerra no Vietnã – Tortura e Manipulação

*Uso do Agente Laranja e Torturas*

Durante a **Guerra do Vietnã**, a CIA implementou operações secretas e experimentos brutais que causaram **danos imensuráveis tanto aos vietnamitas quanto aos soldados americanos**.

- **Agente Laranja:**
  - A substância química usada pelos americanos no Vietnã para eliminar a vegetação, deixando os vietcongues sem esconderijos naturais.
  - No entanto, o **Agente Laranja causou doenças graves e permanentes**, como câncer e deficiências físicas tanto nos soldados americanos quanto nos vietnamitas.
- **Uso de Torturas e Guerrilha Psicológica**
  - A CIA executou operações clandestinas de espionagem e guerrilha para **desestabilizar o movimento comunista no Vietnã**.
  - Soldados americanos e vietnamitas eram frequentemente submetidos a **sessões de interrogatórios brutais**, métodos de privação

sensorial e privação de sono.

## 5. A CIA e o Controle Global – Parcerias Desonestas e Desestabilização Internacional

*Aliança com Ditadores*

- A CIA frequentemente apoiou **regimes ditatoriais em países ao redor do mundo**, desde o Oriente Médio até a América Latina.

- Ditadores que promoviam **interesses estratégicos e econômicos dos EUA** eram frequentemente apoiados pela CIA, independentemente das graves violações aos direitos humanos em seus países.

*Exemplos Notáveis*

- **Chile – Golpe de 1973**: A CIA apoiou o golpe militar que derrubou o governo de **Salvador Allende**, promovendo a tomada do poder por **Augusto Pinochet**, cujas políticas e repressão resultaram em anos de sofrimento e tortura para a população chilena.

- **Operações no Oriente Médio**: Diversas operações secretas foram implementadas ao longo das décadas para fortalecer alianças com ditadores no Oriente Médio, visando ao controle do **mercado de petróleo** e à influência regional.

## 6. Conclusão

A CIA representa o lado sombrio do poder americano – um símbolo das operações secretas e da manipulação dos interesses dos EUA em escala global. Seja através das **intervenções para derrubar líderes em outros países, experiências antiéticas em humanos ou apoio a ditadores**, a CIA demonstra que a busca pelos interesses estratégicos e econômicos do governo americano frequentemente ocorre à custa de direitos humanos, ética e responsabilidade social.

Esse capítulo revela como os Estados Unidos não apenas expandem sua influência militar e econômica, mas também operam por meio das sombras, promovendo controle, repressão e brutalidade. No cenário das operações secretas da CIA, a ideia do **"sonho americano"** desmorona, deixando no lugar o legado de exploração, manipulação e poder absoluto.

# CAPÍTULO 13: RACISMO SISTÊMICO E VIOLAÇÕES DOS DIREITOS HUMANOS

## 1. A Herança da Escravidão – Raízes do Racismo Sistêmico nos EUA

Os Estados Unidos nasceram sob o peso de um passado escravista profundo e sistemático, um legado que não apenas moldou a história do país, mas também deixou marcas sociais e econômicas duradouras. A escravidão americana, que começou no século XVII e persistiu até a **Abolição em 1865**, não foi apenas uma questão moral, mas um elemento crucial na construção das estruturas sociais e econômicas do país.

### 1.1. Impacto Social e Econômico

- **Propriedade e Lucro**
  Durante séculos, os Estados Unidos prosperaram economicamente através da exploração dos escravizados, especialmente no Sul do país. Plantações de **algodão, cana-de-açúcar e tabaco** dependiam da força de trabalho dos negros escravizados para gerar **riquezas monumentais**, tanto para proprietários quanto para o comércio transatlântico de escravos.

- **Desigualdade Heredada**
  Mesmo após a abolição, os negros americanos enfrentaram **discriminação, marginalização e falta de oportunidades econômicas**, perpetuando um ciclo de **pobreza e exclusão social.**

- A ausência de políticas públicas efetivas para **integração social e econômica** dos ex-escravizados deixou muitos em **situações precárias**, enfrentando dificuldades no acesso à educação, emprego e habitação.

## 2. Movimento dos Direitos Civis – Luta e Repressão Brutal

### 2.1. Contexto Histórico

Durante as décadas de **1950 e 1960**, o movimento dos Direitos Civis buscou garantir a igualdade racial e os direitos humanos básicos para a população negra americana. Apesar das promessas constitucionais de liberdade e igualdade, o país enfrentou anos de **discriminação institucionalizada e segregação racial**.

### 2.2. A Brutal Repressão Policial

- **"Bull Connor" e o Uso Excessivo da Força**
  Nos anos 60, em cidades como **Birmingham, Alabama**, a polícia brutalmente reprimiu manifestantes pacíficos. **"Bull Connor"**, chefe de polícia de Birmingham, tornou-se um símbolo da repressão sistemática e violenta contra os direitos civis.
    - Cenas de **cães atacando manifestantes**, jatos de água usados como armas e prisões em massa chocaram o país e o mundo, expondo a **natureza agressiva e racista das forças policiais** americanas.

- **Ativistas e Mortos**
  Muitos ativistas e líderes do movimento dos Direitos Civis, como **Medgar Evers, Malcolm X e Martin Luther King Jr**, foram assassinados ou sofreram violência extrema.
    - A repressão não apenas afastou o progresso social, mas também criou **medo e trauma entre a comunidade negra**, impedindo o avanço real das promessas de igualdade racial.

## 3. Racismo Sistêmico e Problemas Contemporâneos

### 3.1. Violência Policial e Racismo Estrutural

No cenário contemporâneo, os Estados Unidos ainda enfrentam um racismo sistêmico exacerbado pelas **violências e práticas discriminatórias das agências policiais**.

- **Casos emblemáticos**
  - O assassinato de **George Floyd**, em 2020, em Minneapolis, Minnesota, chocou o país e o mundo.
  - O vídeo que mostrava o policial **Derek Chauvin ajoelhando sobre o pescoço de Floyd**, ignorando seus pedidos de socorro, tornou-se um **símbolo da brutalidade policial e do racismo estrutural** nos EUA.
  - **Black Lives Matter**, o movimento social que surgiu para protestar contra a violência policial e o racismo sistêmico, denuncia casos semelhantes que acontecem em todo o país, revelando um sistema policial que, muitas vezes, trata os negros como inimigos em vez de cidadãos.

### 3.2. Prisões em Massa e o Sistema Penal Desigual

- **O Problema das Prisões em Massa**
  - Os Estados Unidos possuem a **maior população carcerária do mundo**, e a maioria dessas prisões é composta por negros e latinos.
  - **"War on Drugs"** (Guerra contra as Drogas) implementada nos anos 70 por Richard Nixon, é um exemplo claro do racismo sistêmico. Essa política resultou no **aumento das prisões em massa**, especialmente entre a comunidade negra e latino-americana, muitas vezes por pequenas quantidades de substâncias ilegais.

- **Consequências Sociais**
  - A prisão em massa tem um impacto desproporcional na comunidade negra:
  - **Emprego dificultado**, pois muitos negros enfrentam barreiras profissionais após a prisão.
  - **Impacto familiar**, com pais ausentes e crianças crescendo em ambientes desfavorecidos e instáveis.

# 4. Racismo Sistêmico no Mercado de Trabalho e na Educação

### 4.1. Desigualdade Econômica e Racismo

- **Salários Desiguais**
  - Estudos revelam que, em média, negros americanos ganham apenas **63% do salário dos brancos**.
  - As disparidades econômicas surgem não apenas pela discriminação direta, mas também pela falta de oportunidades educacionais e políticas públicas que facilitariam a ascensão social.
- **Discriminação Institucionalizada**
  - Em muitos empregos, os negros enfrentam **preconceito nos processos seletivos**, menor acesso ao crédito e dificuldade em investimentos financeiros.
  - Muitas vezes, a falta de conexões e suporte institucional faz com que a **ascensão social seja quase impossível**.

### 4.2. Racismo no Sistema Educacional

- As escolas públicas em áreas urbanas e comunidades predominantemente negras frequentemente enfrentam problemas de **baixa infraestrutura, recursos inadequados e professores menos experientes**.
- Isso cria um **déficit educacional** significativo, prejudicando o futuro das crianças negras e mantendo a **desigualdade econômica e social**.

## 5. Conclusão

O racismo sistêmico nos Estados Unidos não é apenas um problema do passado, mas um **sistema institucionalizado** que afeta todos os aspectos da sociedade americana até hoje. Desde a **herança da escravidão**, passando pela brutalidade das agências policiais, até as disparidades no mercado de trabalho e educação, o racismo estruturado perpetua a exclusão e a desigualdade racial.

O país, que se autodenomina a "terra das oportunidades" e símbolo da **igualdade e liberdade**, ainda luta para resolver suas próprias contradições e injustiças sociais. Esse cenário demonstra como o sonho americano frequentemente falha em entregar o que promete, especialmente para aqueles que pertencem às comunidades negras e latinas – o verdadeiro preço da promessa americana é, muitas vezes, a opressão e o racismo sistêmico que persistem até hoje.

# CAPÍTULO 14: ESCÂNDALOS E CORRUPÇÕES NÃO MENCIONADOS

Os Estados Unidos, frequentemente retratados como um símbolo de transparência e governança sólida, também possuem um histórico de escândalos e corrupção que vão além dos episódios já discutidos. Muitas dessas histórias menos divulgadas revelam o funcionamento obscuro e problemático das instituições americanas, onde a busca por poder e lucro frequentemente supera os princípios éticos e a responsabilidade social.

## 1. Caso Enron – Fraude Financeira e Colapso Corporativo

No início dos anos 2000, a **Enron**, uma gigante americana do setor de energia, caiu como um dos maiores exemplos de fraude financeira na história dos EUA.

- **Manipulação de Contabilidade:**
  - A empresa ocultou bilhões em dívidas, utilizando métodos contábeis fraudulentos para inflar seus lucros e esconder perdas.
  - Quando a verdade veio à tona em **2001**, a Enron declarou falência, deixando milhares de investidores e empregados sem seus investimentos e economias.
- **Impacto Social e Ético:**
  - Muitos funcionários perderam suas economias, aposentadorias e estabilidade financeira.
  - O caso gerou **uma desconfiança profunda no mercado financeiro**, destacando a falta de regulamentação e ética entre grandes corporações e investidores.

## 2. Caso Fast and Furious – Comércio de Armas e Negligência Governamental

No final dos anos 2000, a **Operação Fast and Furious**, promovida pela **Agência Federal de Controle de Armas e Explosivos (ATF)**, revelou problemas no controle de armas no México e nos EUA.

- **Objetivo Mal Planejado:**
  - A operação buscava rastrear armas vendidas nos EUA para o México e identificar os cartéis de drogas.
  - No entanto, a ATF permitiu que **milhares de armas fossem contrabandeadas para o México**, muitas das quais acabaram sendo usadas em crimes violentos entre os cartéis mexicanos.
- **Consequências:**
  - O fracasso da operação causou a morte de diversos policiais mexicanos e americanos.
  - O episódio trouxe à tona **a negligência das agências americanas e os riscos das políticas de controle de armas**, expondo falhas graves no combate ao tráfico internacional de armas.

## 3. Caso NSA – Vigilância em Massa e Violações da Privacidade

A **Agência de Segurança Nacional (NSA)** dos EUA é conhecida por sua capacidade de **vigilância em massa**, revelada em documentos vazados pelo ex-agente **Edward Snowden**, em 2013.

- **Espionagem Global:**
  - A NSA conduziu operações de monitoramento em larga escala, **vigiando a comunicação entre cidadãos americanos e estrangeiros**, muitas vezes violando a privacidade

individual.

- Documentos expuseram a colaboração da NSA com grandes empresas de tecnologia, como **Google, Facebook e Microsoft**, facilitando a coleta e o armazenamento de informações sensíveis.

- **Impacto Ético e Político:**

  - Esse caso levantou debates sobre **liberdade individual, privacidade e os direitos civis**, colocando os EUA em uma posição de questionamento internacional sobre transparência e ética.

  - Muitas nações e cidadãos começaram a questionar a legitimidade das práticas americanas em relação ao direito à privacidade e à liberdade de expressão.

## 4. Caso Water Pollution Crisis – Flint, Michigan

Em **2014**, a cidade de **Flint, Michigan**, enfrentou um desastre ambiental de saúde pública que chamou atenção mundial.

- **Contaminação da Água:**

  - O governo local alterou a origem do abastecimento de água, utilizando água do rio Flint, que acabou sendo contaminada com **nível perigoso de chumbo**.

  - Isso afetou **milhares de residentes**, especialmente crianças, que sofreram com impactos físicos e cognitivos graves.

- **Responsabilidade e Falhas Governamentais:**

  - O escândalo expôs o fracasso das agências governamentais em garantir o básico: a **segurança e a saúde da população**.

  - Muitas famílias ficaram desabrigadas e enfrentaram dificuldades financeiras para reparar os danos de saúde e propriedades.

## 5. Lobby Corporativo e Influência Política

Os EUA possuem um sistema em que o **lobby corporativo tem um impacto significativo na tomada de decisões políticas**.

- **Política e Dinheiro:**
    - Empresas como **Big Pharma, bancos e a indústria armamentista** influenciam leis e decisões governamentais através de poderosos grupos de lobby, garantido pelo financiamento de campanhas políticas.
    - Isso significa que decisões políticas muitas vezes são baseadas em **interesses econômicos e não no bem-estar social ou ético da população**.
- **Leis Favoráveis e Prejuízos Sociais:**
    - Aspectos críticos, como a **legislação trabalhista, a regulamentação financeira e as políticas de saúde**, são frequentemente moldados de maneira a beneficiar essas corporações.
    - Isso resultou em políticas que desvalorizam os trabalhadores e negligenciam o acesso a serviços essenciais e à assistência médica para milhões de cidadãos americanos.

## Conclusão

Os escândalos e a corrupção revelam que a imagem dos Estados Unidos como símbolo de ética e responsabilidade são apenas uma fachada. Seja através da **fraude financeira das corporações**, das políticas governamentais desastrosas em áreas ambientais e sociais, ou pela influência desproporcional do lobby corporativo, a verdade é que a governança americana frequentemente falha em seus compromissos com o cidadão comum.

Essas histórias menos conhecidas mostram que os EUA não são apenas a maior potência econômica e militar do mundo, mas um sistema complexo e frequentemente **carregado de interesses ocultos e práticas questionáveis**, onde a busca pelo poder e pelo lucro muitas vezes vem antes dos direitos humanos e da ética social.

## *Vendas de Armas e Apoio a Conflitos Globais*

### 1. O Mercado Global de Armas: Exportação e Lucros

Os Estados Unidos são o **maior exportador de armas do mundo**, e o mercado de vendas de equipamentos militares e armamentos é um dos pilares do Complexo Industrial Militar. O país não apenas sustenta suas próprias forças armadas, mas também abastece muitos países e grupos em todas as partes do planeta.

- **Dominância no Mercado Internacional:**
  - Empresas como **Lockheed Martin, Raytheon, Boeing e General Dynamics** dominam o cenário das exportações de equipamentos militares americanos.
  - Estima-se que cerca de **70% das exportações de armas no mundo** sejam provenientes dos Estados Unidos. Isso inclui desde aviões de combate e tanques até equipamentos menores, como pistolas e munição.
- **Contratos Governamentais:**
  - O governo dos EUA realiza contratos com essas empresas, que, por sua vez, exportam produtos para outros países sob a aprovação do Congresso e do Departamento de Estado.
  - Esses contratos garantem a continuação do fluxo financeiro e criam empregos no setor militar, enquanto mantêm o poder econômico das grandes empresas do Complexo Industrial Militar.
- **Influência Geopolítica:**
  - A venda de armas serve como uma ferramenta estratégica para consolidar **alianças políticas e militares** com outros países.
  - Muitos acordos de venda incluem cláusulas que garantem o controle e influência dos EUA sobre a

política e decisões internas dessas nações.

## 2. Apoio aos Conflitos: A Importância das Alianças Estratégicas

Os EUA não apenas vendem armas, mas também desempenham um papel crucial no apoio direto aos conflitos ao redor do mundo, através de alianças, fornecimento de equipamentos e suporte financeiro a grupos armados e países em guerra.

*Oriente Médio*

- No Oriente Médio, os Estados Unidos têm fornecido suporte militar contínuo a países como **Arábia Saudita, Israel e Turquia**, tornando-se um jogador central na dinâmica regional.

- A venda de equipamentos militares e o suporte financeiro garantem que esses países mantenham seu poder militar e influência na região.

- **Exemplos de Apoio:**
  - Durante a **Guerra Civil Síria**, os EUA forneceram armas e treinamento a vários grupos rebeldes e facções que buscavam derrubar o governo de Bashar al-Assad.
  - O apoio financeiro e militar garantiu o fluxo de equipamentos e recursos, mas também contribuiu para a prolongação do conflito e a instabilidade na região.

*África*

- Nos conflitos africanos, os EUA têm desempenhado um papel significativo tanto no fornecimento de armamento quanto no apoio militar direto.

- Os contratos e vendas de armas para países como **Somália e República Democrática do Congo** demonstram a busca dos EUA em expandir sua influência e controle sobre os recursos e a dinâmica política dessa região.

*América Latina*

- A relação dos EUA com a América Latina também inclui a venda massiva de equipamentos militares, frequentemente usados para combater **movimentos guerrilheiros e facções**

**criminosas**.

- Os contratos militares no Brasil, Colômbia e outros países têm como objetivo combater o tráfico de drogas e a instabilidade, mas frequentemente geram críticas pela atuação das forças militares e a violência excessiva nas comunidades.

## 3. O Tráfico de Armas e o Financiamento de Grupos Armados

Além das vendas oficiais, os Estados Unidos também estão envolvidos no tráfico clandestino de armas e no financiamento de grupos armados ao redor do mundo.

- **Contrabando e Tráficos Informais:**
  - Há evidências de que os EUA facilitam o envio clandestino de armas para grupos militantes em áreas de conflito, tanto no Oriente Médio quanto na América Latina.
  - Isso ocorre através de operações secretas da CIA e outros serviços de inteligência, onde o fornecimento clandestino de equipamentos é usado para fortalecer aliados e desestabilizar adversários.

- **Grupos Insurgentes e Guerrilheiros:**
  - Muitas vezes, esses equipamentos e armas acabam sendo usados por **facções guerrilheiras e grupos insurgentes**, financiados ou apoiados por interesses estratégicos do governo americano.
  - O financiamento desses grupos tem como objetivo a luta contra inimigos políticos e a imposição das agendas geopolíticas dos EUA.

*Exemplo: Irã contra o Contrabando de Armas*

- O caso do **contrabando de armas para o Irã**, envolvendo a venda clandestina de material militar, demonstra como os EUA têm operado através de redes secretas e contratos não oficiais.
- Tais operações envolvem tanto o fornecimento clandestino quanto a venda direta de equipamentos militares, com o objetivo de manipular alianças e influenciar o cenário

político na região.

## 4. Empresas Privadas e os Lucros no Mercado de Conflitos

Empresas privadas desempenham um papel crucial no fornecimento de equipamentos militares e apoio aos conflitos.

- **Mercenários Privados:**
  - Empresas como a **Blackwater**, que atua como força paramilitar privada, têm participado de operações militares em países como o Iraque e o Afeganistão.
  - Essa empresa e outras similares têm lucrado bilhões ao fornecer suporte militar, treinamento e proteção às forças americanas e grupos aliados.
- **Contratos de Defesa e Acordos Privados:**
  - Muitas dessas empresas são contratadas para garantir que o fornecimento de equipamentos e recursos continue fluindo sem a necessidade direta do envolvimento do governo americano.
  - Esses acordos privados garantem lucros exorbitantes enquanto os riscos são repassados ao soldado comum ou às comunidades locais.

## 5. Impacto Social e Político Global

Enquanto as empresas armamentistas americanas acumulam milhões, o impacto das vendas de armas e apoio a conflitos é sentido globalmente:

- **Desestabilização Regional:**
  - A venda indiscriminada de armas frequentemente resulta em guerras prolongadas e conflitos civis que geram destruição em massa e deslocamento das populações.
- **Pobreza e Desigualdade Social:**
  - Em muitos países, o apoio militar e os investimentos em armamento resultam em recursos desviados das áreas sociais básicas, como **educação, saúde e infraestrutura**.
- **Consequências Humanitárias:**
  - Milhares de civis perdem suas vidas em conflitos armados, e comunidades inteiras são destruídas

sem esperança de recuperação.

## Conclusão

O papel dos Estados Unidos no apoio a conflitos globais e na venda indiscriminada de armamentos revela a **real agenda do Complexo Industrial Militar**, que busca lucro e poder em detrimento da paz e da estabilidade das nações. A guerra, em muitos casos, não é um meio de defender a democracia ou a liberdade, mas uma máquina econômica que gera riqueza para empresas privadas e poderosos interesses políticos, enquanto compromete a estabilidade das comunidades e os recursos das nações ao redor do mundo.

Esse cenário questiona a narrativa oficial dos EUA como defensores globais da justiça e da liberdade, expondo os verdadeiros motivos por trás das decisões políticas e do suporte financeiro e militar, deixando claro que, para o governo e suas empresas, a guerra é um investimento – e não um sacrifício.

# CAPÍTULO 15: A DESTRUIÇÃO DE POVOS INDÍGENAS

## 1. Genocídio e Deslocamentos Forçados

Desde a chegada dos colonizadores europeus, os povos indígenas das Américas enfrentaram um **processo brutal de genocídio e deslocamento forçado**, que se intensificou com a fundação e expansão dos Estados Unidos.

- **O Contexto da Colonização:**
  - Estima-se que a população indígena nos Estados Unidos antes da chegada dos europeus era de cerca de **10 milhões de pessoas**. Esse número caiu para menos de **300 mil** no século XIX devido a **guerras, doenças e massacres deliberados**.
  - A introdução de doenças como varíola, tifo e sarampo foi um dos principais fatores de mortalidade. Muitos desses surtos foram usados como **armas biológicas não declaradas**, com relatos de distribuição deliberada de cobertores infectados com varíola.
- **Guerra e Conquista Territorial:**
  - O avanço dos colonizadores e do governo americano forçou inúmeras tribos a se retirarem de suas terras ancestrais. Entre 1830 e 1850, a política de remoção indígena levou ao famoso **Caminho das Lágrimas**, no qual dezenas de milhares de Cherokee, Choctaw, Creek, Seminole e outras tribos foram obrigadas a marchar para o oeste.

- Durante essas marchas, mais de **4 mil Cherokee morreram** devido a fome, doenças e condições extremas.
- **Massacres:**
    - Massacres de populações indígenas ocorreram em várias ocasiões, incluindo o **Massacre de Sand Creek** (1864), onde cerca de **230 indígenas, a maioria mulheres e crianças**, foram mortos pelo exército americano.
    - Outro exemplo é o **Massacre de Wounded Knee** (1890), no qual mais de **300 Lakota Sioux** foram mortos enquanto tentavam se render.

## 2. Promessas Quebradas: Tratados e Exploração

A relação entre o governo americano e as tribos indígenas foi marcada por **traições sistemáticas** através de tratados fraudulentos e promessas não cumpridas.

- **Os Tratados Violados:**
    - Ao longo do século XIX, mais de **370 tratados foram assinados** entre os EUA e as tribos indígenas. A maioria foi posteriormente **violada ou ignorada**.
    - Esses tratados frequentemente prometiam terras, recursos e proteção em troca de concessões territoriais dos indígenas, mas a expansão do país e a busca por riquezas sempre se sobrepunham às promessas feitas.
- **Roubo de Recursos Naturais:**
    - Quando riquezas naturais, como ouro ou petróleo, eram descobertas em terras indígenas, as tribos eram **expulsas ou despojadas** de suas terras.
    - A descoberta de ouro nas Colinas Negras,

território sagrado dos Lakota, levou à violação do Tratado de Fort Laramie (1868) e ao envio do exército para expulsar os Lakota da área.

## 3. Marginalização e Condições Atuais

Mesmo após o genocídio físico e cultural, os povos indígenas continuam a enfrentar **marginalização extrema** e condições desumanas.

- **Reservas Indígenas:**
  - Atualmente, muitas tribos vivem em reservas criadas pelo governo, que geralmente estão localizadas em terras áridas e impróprias para agricultura ou habitação adequada.
  - As condições de vida nessas reservas são frequentemente comparadas às de países em extrema pobreza. Em algumas comunidades, a expectativa de vida é **20 anos menor** do que a média nacional.

- **Pobreza e Desemprego:**
  - Cerca de **25% dos indígenas** vivem abaixo da linha da pobreza, e o desemprego em algumas reservas chega a **80%**.
  - A falta de oportunidades econômicas e a negligência governamental perpetuam um ciclo de pobreza estrutural.

- **Violência e Abuso:**
  - Mulheres indígenas enfrentam taxas alarmantes de violência e desaparecimentos. Segundo o FBI, **uma em cada três mulheres indígenas** será estuprada em algum momento da vida, e a maioria dos agressores são não indígenas.
  - A crise de desaparecimentos de mulheres indígenas, especialmente no Canadá e nos EUA, é um reflexo da **falta de proteção e**

**respeito por essas comunidades.**

## 4. Resistência e Resiliência

Apesar de séculos de opressão, os povos indígenas continuam a resistir e lutar por seus direitos.

- **Movimentos por Justiça:**
  - O movimento **American Indian Movement (AIM)**, fundado na década de 1960, desempenhou um papel crucial na luta pelos direitos civis dos povos indígenas. O AIM foi fundamental para destacar questões como a soberania tribal e a violência contra comunidades indígenas.
  - Protestos como o **Standing Rock** em 2016 contra a construção do oleoduto Dakota Access demonstraram a continuidade da resistência indígena em defender seus direitos e terras sagradas.
- **Revitalização Cultural:**
  - Apesar de esforços históricos para destruir as culturas indígenas, muitas tribos têm trabalhado para **revitalizar suas línguas, tradições e espiritualidade.**
  - Escolas e programas comunitários em várias reservas estão promovendo o ensino das línguas nativas e a prática de cerimônias tradicionais.

## Conclusão

A destruição dos povos indígenas nos Estados Unidos é uma das **manchas mais sombrias da história do país**. Desde genocídios e deslocamentos forçados até a marginalização contínua, o governo americano falhou em respeitar os povos originários e suas culturas.

Enquanto os povos indígenas continuam a lutar por justiça e igualdade, sua resistência serve como um **testemunho da**

**força e resiliência** diante de séculos de opressão. A verdadeira reconciliação só será possível quando os Estados Unidos confrontarem sua história de genocídio e marginalização e tomarem medidas concretas para reparar os danos causados.

# CAPÍTULO 16: CULTURA DO BULLYING NAS ESCOLAS: UMA EPIDEMIA DE CRUELDADE

## 1. O Fenômeno do Bullying: Uma Epidemia Invisível

O bullying nas escolas americanas é um problema **endêmico**, alimentado por uma cultura competitiva, hierarquias sociais rígidas e a glorificação da agressividade em diversos aspectos da vida americana. Estudos mostram que **uma em cada cinco crianças nos EUA é vítima de bullying**, seja verbal, físico, social ou online.

- **Natureza do Bullying:**
    - O bullying muitas vezes assume formas sutis e psicológicas, como exclusão social, mas também pode escalar para agressões físicas ou **assédio cibernético**, especialmente com a crescente presença das redes sociais.
    - **Estereótipos e preconceitos** desempenham um papel significativo: estudantes LGBTQIA +, negros, latinos e outros grupos marginalizados frequentemente são alvos de bullying, com consequências devastadoras.

## 2. Impactos Psicológicos e Sociais

O bullying nas escolas não é apenas um problema infantil; ele causa **impactos profundos e duradouros** que afetam as vítimas, os agressores e até mesmo os espectadores.

- **Vítimas:**
    - Crianças e adolescentes que sofrem bullying enfrentam taxas mais altas de **ansiedade, depressão, automutilação e suicídio**. Estudos mostram que o bullying aumenta

significativamente o risco de **transtornos de saúde mental** na vida adulta.

- Academicamente, as vítimas frequentemente têm desempenho abaixo de suas capacidades, já que o ambiente hostil na escola torna o aprendizado insuportável.

- **Agressores:**

  - Muitos agressores acabam repetindo padrões destrutivos na vida adulta, mostrando **comportamentos criminosos ou violentos**.

  - Em alguns casos, o bullying praticado na infância é reflexo de ambientes familiares abusivos ou negligentes.

- **Espectadores:**

  - Os colegas que testemunham bullying sem intervir também enfrentam consequências emocionais, como **culpa**, **ansiedade e desensibilização à violência**.

## 3. Casos Famosos: Columbine e Outros Tiroteios Escolares

A cultura do bullying nas escolas americanas está frequentemente associada a eventos trágicos como tiroteios em massa. Um dos casos mais emblemáticos é o massacre de Columbine.

- **O Massacre de Columbine (1999):**

  - Em 20 de abril de 1999, os estudantes Eric Harris e Dylan Klebold entraram armados na Columbine High School, no Colorado, e mataram **13 pessoas**, ferindo outras 24 antes de se suicidarem.

  - Embora as motivações tenham sido amplamente debatidas, ambos os atiradores relataram ter sido vítimas de bullying severo, o que alimentou seu ódio e desejo de vingança.

- Columbine se tornou um símbolo da falha do sistema escolar e da **cultura de exclusão e violência** nas escolas americanas.

- **Outros Casos Notáveis:**
  - **Sandy Hook (2012):** Apesar de não estar diretamente ligado ao bullying, esse massacre levantou discussões sobre a saúde mental e a negligência em identificar sinais de sofrimento psicológico em crianças.
  - **Virginia Tech (2007):** O atirador, Cho Seung-Hui, foi vítima de bullying e rejeição social ao longo de sua vida acadêmica, o que contribuiu para seu isolamento e eventual ataque.

## 4. O Papel da Sociedade e da Cultura

A cultura americana desempenha um papel significativo na perpetuação do bullying, seja através de **padrões de masculinidade tóxica**, da glorificação de vencedores e perdedores ou da **normalização da violência** como forma de resolver conflitos.

- **Filmes e Mídia:**
  - A cultura popular muitas vezes romantiza o bullying ou o trata como um **rito de passagem**, especialmente em filmes e séries sobre escolas americanas.
  - Filmes como *Mean Girls* e *Carrie* mostram o impacto devastador do bullying, mas também refletem a **banalização da crueldade juvenil.**

- **Redes Sociais:**
  - Com o crescimento das redes sociais, o bullying ultrapassou os limites das escolas. **Ciberbullying** é uma extensão do bullying tradicional, com agressões que podem atingir vítimas 24 horas por dia.

- Redes como Instagram e TikTok são plataformas onde **comparações sociais, críticas e humilhações públicas** são frequentes.

## 5. Iniciativas e Falhas do Sistema Educacional

Apesar de esforços para combater o bullying, as escolas americanas frequentemente falham em **proteger as vítimas e prevenir a violência**.

- **Políticas Anti-Bullying:**
    - Muitos estados implementaram leis obrigando escolas a adotar políticas anti-bullying, mas a **falta de fiscalização** e o **medo de retaliação** impedem a eficácia dessas medidas.
    - Algumas escolas priorizam manter uma imagem pública positiva, muitas vezes encobrindo incidentes de bullying em vez de resolvê-los.
- **Educação e Intervenção:**
    - Campanhas como **StopBullying.gov** têm tentado conscientizar sobre o impacto do bullying e promover uma cultura de empatia.
    - No entanto, sem mudanças estruturais profundas na forma como as escolas lidam com **relações de poder e exclusão social**, o bullying persiste.

## Conclusão

O bullying nas escolas dos EUA não é apenas um problema individual, mas um reflexo de **falhas sistêmicas e culturais** mais amplas. A falta de empatia, a competitividade extrema e a glorificação de hierarquias sociais contribuem para essa epidemia de crueldade.

Os tiroteios escolares são apenas a **face mais visível e extrema** desse problema, mas o sofrimento causado pelo bullying tem repercussões silenciosas que duram uma vida inteira. Para abordar essa questão, é necessário não apenas **educar as crianças**, mas também transformar a sociedade e suas prioridades culturais, promovendo uma **cultura de respeito e inclusão**.

# CAPÍTULO 17: A HUMILHAÇÃO DOS IMIGRANTES

## 1. A Terra das Oportunidades ou da Exclusão?

Os Estados Unidos são frequentemente retratados como o país das oportunidades, mas para muitos imigrantes, essa visão é um **mito cruelmente desconstruído** ao cruzarem a fronteira. Desde deportações brutais até condições desumanas em centros de detenção, os EUA têm uma longa história de **hostilidade contra aqueles que buscam um futuro melhor em seu território.**

A retórica anti-imigrante, alimentada por discursos políticos e preconceitos sociais, pinta os imigrantes como **ameaças econômicas, criminais e culturais**, criando um ambiente onde a **humilhação e a marginalização** são não apenas comuns, mas sistemáticas.

## 2. Deportações Brutais e Centros de Detenção Desumanos

- **Política de Separação Familiar:**
    - Durante o governo de Donald Trump, a política de **tolerância zero** resultou na separação de milhares de crianças de suas famílias na fronteira. Menores foram mantidos em centros de detenção descritos como "gaiolas," onde enfrentaram condições insalubres, falta de assistência médica e traumas psicológicos.
    - Um relatório de 2021 revelou que muitas crianças ainda não haviam sido reunidas com suas famílias, expondo a **negligência e falta de planejamento** da administração.
- **Centros de Detenção:**
    - Relatórios de organizações de direitos

humanos descrevem os centros de detenção de imigrantes como **superlotados, insalubres e perigosos**.

◦ Casos de abuso físico e psicológico por parte de funcionários são comuns, e muitos detidos relataram **falta de alimentos adequados, higiene básica e acesso a cuidados médicos**.

◦ Uma denúncia notável envolveu **esterilizações forçadas** em mulheres detidas, um ato que ecoa práticas eugênicas historicamente utilizadas para controlar populações marginalizadas.

- **Deportações Violentas:**

◦ Deportações realizadas de maneira apressada e brutal frequentemente deixam imigrantes em situação de extrema vulnerabilidade. Muitos são enviados de volta para países que enfrentam **violência, pobreza extrema ou desastres naturais**, sem nenhuma consideração pelas suas circunstâncias pessoais.

## 3. Impacto Psicológico nas Famílias e Comunidades

As políticas de imigração dos EUA têm impactos devastadores nas famílias e comunidades, tanto para os que vivem no país quanto para os deportados.

- **Trauma Infantil:**

◦ Crianças separadas de seus pais na fronteira enfrentam **transtorno de estresse pós-traumático (TEPT)**, além de problemas de desenvolvimento emocional e comportamental.

◦ O medo constante de deportação entre as famílias que permanecem nos EUA causa ansiedade e impede que crianças tenham uma vida escolar e social normal.

- **Desestruturação Familiar:**
  - A deportação de um membro da família, muitas vezes o principal provedor, desestrutura famílias inteiras.
  - Esposas, filhos e parentes que permanecem nos EUA enfrentam **dificuldades financeiras** e um profundo sentimento de perda, enquanto os deportados frequentemente vivem isolados em seus países de origem, sem recursos para recomeçar.

- **Comunidades Marginalizadas:**
  - Comunidades de imigrantes sofrem com o estigma e a perseguição, exacerbando a desigualdade econômica e social.
  - A ameaça constante de deportação também dificulta a formação de redes de apoio e o engajamento cívico.

## 4. Racismo e Xenofobia: Uma História Enraizada

A humilhação dos imigrantes não é apenas uma questão de políticas contemporâneas, mas também um reflexo de **preconceitos históricos profundamente enraizados** na sociedade americana.

- **Alvo Principal:**
  - Imigrantes latinos, especialmente mexicanos, são frequentemente pintados como **"invasores" ou "criminosos"**, alimentando políticas de fronteira severas e atitudes hostis.
  - Muçulmanos e imigrantes do Oriente Médio também enfrentaram discriminação severa após os ataques de 11 de setembro, com leis como o **Patriot Act** autorizando a vigilância e detenção arbitrária de pessoas desses grupos.

- **Mito do Sonho Americano:**
  - Enquanto muitos imigrantes arriscam suas vidas para alcançar o chamado "sonho americano," a realidade que encontram é frequentemente uma **vida de exploração laboral, discriminação e medo constante de deportação.**
  - Trabalhadores sem documentos frequentemente enfrentam **salários baixos e condições perigosas**, sem acesso a direitos básicos ou proteção legal.

## 5. O Tratamento Dado aos Brasileiros nos EUA

Embora os brasileiros constituam uma parcela significativa dos imigrantes nos EUA, sua experiência reflete um **misto de esperança e humilhação.**

- **Estereótipos e Desvalorização:**
  - Brasileiros frequentemente enfrentam **preconceitos baseados em estereótipos culturais**, sendo tratados como inferiores ou explorados em empregos de baixa remuneração.
  - Mesmo com formação acadêmica, muitos acabam em subempregos devido à dificuldade de validação de diplomas e barreiras linguísticas.
- **Dificuldades de Entrada:**
  - Apesar de muitos brasileiros sonharem com a vida nos EUA, obter visto de entrada é extremamente difícil, e casos de deportação de brasileiros são frequentes.
  - Os EUA mantêm um rigoroso controle sobre a imigração de brasileiros, muitas vezes tratando-os como **ameaças econômicas ou ilegais.**

- **Sonho ou Ilusão?**
    - A realidade dos imigrantes brasileiros contrasta com a imagem idealizada dos EUA no Brasil, alimentada por filmes e séries. Muitos descobrem que, longe de ser um "paraíso", a vida nos EUA pode ser um **pesadelo de exploração, isolamento e preconceito**.

## 6. Resistência e Luta por Justiça

Apesar de todos os desafios, comunidades de imigrantes têm se mobilizado para resistir à humilhação e lutar por seus direitos.

- **Organizações de Direitos Humanos:**
    - Grupos como a **ACLU (American Civil Liberties Union)** e a **RAICES** oferecem suporte legal e lutam contra as políticas desumanas de imigração.
    - Essas organizações trabalham para denunciar abusos, oferecer recursos às vítimas e pressionar por mudanças legislativas.
- **Histórias de Superação:**
    - Muitas histórias de imigrantes mostram que, apesar das adversidades, é possível construir uma nova vida e resistir à opressão, trazendo luz às falhas do sistema e inspirando mudanças.

## Conclusão

A humilhação dos imigrantes nos EUA não é apenas um reflexo de políticas desumanas, mas também de uma **cultura de exclusão e xenofobia** profundamente enraizada. As promessas de liberdade e oportunidades contrastam com a realidade de exploração, abuso e marginalização enfrentada por milhões de pessoas.

Para que os EUA possam verdadeiramente se posicionar

como um farol de esperança, é necessário enfrentar essas falhas sistêmicas, adotando políticas que respeitem os direitos humanos e **valorizem a dignidade de todos os imigrantes**, independentemente de sua origem.

# CAPÍTULO 18: HOSPITAL: OU PAGA OU MORRE

## 1. O Sistema de Saúde Americano: Um Campo de Batalha Econômico

Nos Estados Unidos, a saúde não é apenas um direito; é um **luxo**. Diferentemente de muitos países desenvolvidos que oferecem sistemas de saúde universal, o modelo americano é baseado em seguros privados e em um **sistema hospitalar motivado pelo lucro**. Isso cria uma realidade cruel: **quem pode pagar, vive; quem não pode, morre ou acumula dívidas impagáveis.**

Os hospitais e empresas de seguros nos EUA frequentemente priorizam lucros acima de cuidados, resultando em **milhões de pessoas sem acesso a tratamentos adequados**. Em 2023, mais de 27 milhões de americanos estavam **sem seguro de saúde**, enquanto outros lutavam para pagar os altos custos de prêmios e tratamentos.

## 2. Falhas Sistêmicas: Negligência e Exclusão

- **Custo de Tratamentos:**
    - Uma simples consulta pode custar centenas de dólares, enquanto internações e cirurgias frequentemente alcançam valores de **dezenas ou centenas de milhares de dólares**.
    - Medicamentos essenciais, como insulina, são vendidos a preços exorbitantes, mesmo quando o custo de produção é baixo.
        - Por exemplo, o custo médio anual para um diabético pode ultrapassar **US$ 6.000 apenas com insulina**.
- **Negligência Médica e Racismo Sistêmico:**
    - Estudos revelam que minorias raciais

enfrentam **taxas desproporcionais de negligência médica**. Pacientes negros, hispânicos e indígenas recebem, frequentemente, tratamentos inferiores em comparação com brancos, além de sofrerem com preconceitos explícitos e implícitos dos profissionais de saúde.

- **Negação de Tratamento:**
  - Pacientes sem seguro muitas vezes são **recusados ou abandonados** nos corredores de hospitais, enquanto aqueles com seguros limitados são submetidos a **tratamentos inadequados** devido a restrições de cobertura.

## 3. Endividamento: Uma Epidemia Silenciosa

Para muitos americanos, uma emergência médica pode significar **falência financeira**.

- **Dívidas Médicas Impagáveis:**
  - Mais de 60% das falências nos EUA estão diretamente relacionadas a **dívidas médicas**.
  - Uma única internação hospitalar pode gerar contas acima de **US$ 100.000**, especialmente para tratamentos críticos, como câncer.
- **Pagamentos Eternos:**
  - Famílias endividadas acabam entrando em planos de pagamento que podem durar décadas, muitas vezes com juros altos, criando um ciclo de pobreza.
  - Casos emblemáticos mostram pessoas que perdem suas casas, carros e até empregos para pagar contas médicas.

## 4. A Crise das Seguradoras

Nos EUA, o sistema de saúde é dominado por seguradoras privadas, que **decidem quem vive e quem morre** com base em seus próprios interesses financeiros.

- **Prêmios Caros e Cobertura Limitada:**
  - Mesmo para quem pode pagar um seguro, as **coberturas são limitadas**, deixando muitos tratamentos essenciais fora do alcance.
  - Além disso, os seguros frequentemente exigem altos **copagamentos e franquias**, que podem chegar a milhares de dólares anuais antes de oferecerem cobertura completa.
- **Recusas de Pagamento:**
  - Seguradoras frequentemente negam pedidos de cobertura para tratamentos caros, alegando cláusulas técnicas ou falta de necessidade médica, deixando pacientes sem opções.

## 5. A Realidade dos Não Segurados

Para quem não possui seguro, a realidade é ainda mais brutal.

- **Hospitais Públicos em Declínio:**
  - Os poucos hospitais públicos nos EUA estão **superlotados e subfinanciados**, muitas vezes incapazes de fornecer cuidados adequados.
  - Isso força os pacientes a recorrerem a hospitais privados, onde são confrontados com custos exorbitantes ou recusas de tratamento.
- **Clínicas Gratuitas e ONG's:**
  - Algumas clínicas e organizações sem fins lucrativos tentam preencher a lacuna, mas sua capacidade é limitada, deixando milhões sem atendimento.

## 6. Negligência Médica: Vítimas do Sistema

Casos de negligência médica nos EUA frequentemente estão relacionados a **pressões financeiras e cortes de custos**.

- **Casos Famosos:**

- Pacientes que esperaram horas em salas de emergência e morreram devido à demora no atendimento.
- Cirurgias realizadas por profissionais não qualificados, em um esforço para reduzir custos.

- **Impacto Psicológico:**
  - Pacientes e familiares afetados pela negligência frequentemente enfrentam **traumas psicológicos profundos**, que permanecem muito além do evento médico.

## 7. Reformas Frustradas e o Caminho para o Futuro

Embora existam esforços para reformar o sistema de saúde americano, a resistência política e os interesses das corporações têm dificultado mudanças significativas.

- **Obamacare:**
  - A Lei de Cuidados Acessíveis (ACA), conhecida como Obamacare, foi um passo na direção certa, mas ainda deixa milhões de pessoas sem cobertura e enfrenta ataques contínuos de opositores.

- **Lobby da Indústria:**
  - Empresas farmacêuticas, seguradoras e hospitais gastam bilhões de dólares em lobby para **bloquear reformas que poderiam beneficiar os pacientes**.

## 8. Uma Máquina de Lucros e Desigualdade

O sistema de saúde dos EUA não é apenas uma falha técnica; é um reflexo de um sistema econômico que **valoriza o lucro acima da vida humana**.

- **Empresas Lucrativas:**
  - As maiores empresas farmacêuticas e seguradoras reportam lucros anuais de

bilhões de dólares, enquanto milhões de pessoas sofrem ou morrem devido à falta de acesso a cuidados médicos.

◦ Executivos dessas empresas recebem bônus milionários, enquanto pacientes enfrentam **dívidas e desespero**.

## 9. Conclusão: Um Sistema Que Escolhe Quem Vive e Quem Morre

A frase "ou paga ou morre" não é uma hipérbole no contexto do sistema de saúde dos EUA; é uma **realidade cruel**. Enquanto outros países desenvolvidos reconhecem a saúde como um direito humano fundamental, os EUA tratam-na como um **bem de consumo**, acessível apenas para aqueles que podem pagar.

Se o país deseja realmente se apresentar como líder global em direitos humanos, deve reformar profundamente seu sistema de saúde, garantindo que a vida de ninguém seja determinada por sua **capacidade de pagar uma conta hospitalar**.

# CAPÍTULO 19: SE FALIR, VAI PRESO

## 1. Criminalização da Pobreza no Sistema de Falências dos EUA

Nos Estados Unidos, o sistema econômico frequentemente pune os que falham em navegar suas complexas redes financeiras. Para os ricos, a falência pode ser uma **ferramenta estratégica** para proteger bens e reiniciar negócios. Já para as **classes média e baixa**, a falência muitas vezes resulta em **desespero financeiro, criminalização e até prisão**.

Embora a falência seja tecnicamente uma medida legal para aliviar dívidas insustentáveis, **as consequências para pessoas comuns são devastadoras**, transformando uma solução em um ciclo interminável de pobreza e punição.

## 2. Como o Sistema Funciona (ou Não Funciona)

- **Diferenças Entre os Tipos de Falência:**
    - **Capítulo 7:** Destinado a pessoas físicas, permite liquidar bens para pagar dívidas. No entanto, muitos não se qualificam devido às exigências rígidas.
    - **Capítulo 11:** Geralmente usado por grandes corporações, permite reestruturar dívidas enquanto continua operando. É amplamente inacessível para indivíduos.
- **Barreiras ao Acesso:**
    - Declarar falência nos EUA é **caro e burocrático**, com custos legais que podem ultrapassar **US$ 2.000** – um valor inalcançável para muitos que já estão em dificuldades.
- **Dívidas Inexoráveis:**

- Algumas dívidas, como empréstimos estudantis, impostos e pensões alimentícias, geralmente **não podem ser eliminadas** na falência, perpetuando o sofrimento econômico.

## 3. Prisões por Dívidas: Um Retorno ao Passado

Embora as prisões por dívidas tenham sido oficialmente abolidas no século XIX, **práticas modernas reviveram essa realidade cruel.**

- **Casos de Prisões por Dívidas:**
  - Devedores de pensão alimentícia atrasada podem ser **encarcerados por meses.**
  - Multas não pagas ou cobranças judicializadas frequentemente resultam em mandados de prisão.
  - Empresas privadas contratadas para cobrar dívidas judiciais exploram falhas no sistema para **pressionar devedores** com ameaças de prisão.
- **Ciclos de Dívidas Judiciais:**
  - Em muitos estados, pessoas que não podem pagar multas de trânsito ou taxas judiciais enfrentam **encarceramento**, criando um ciclo no qual o tempo preso impossibilita ganhos financeiros para quitar as dívidas.

## 4. Casos Reais: Punição da Pobreza

- **Caso de Clifford: Multas e Prisão**
  Clifford Williams, um trabalhador de baixa renda, acumulou **multas de trânsito de US$ 3.000** e foi preso após não conseguir pagar. Sua prisão resultou na perda do emprego e agravou ainda mais sua situação financeira.
- **A Indústria do Crédito ao Consumo:**

Empresas de crédito privadas frequentemente processam devedores e, em alguns casos, solicitam mandados de prisão por não comparecimento ao tribunal.

- Em 2019, cerca de **77 milhões de americanos** tinham dívidas em cobrança, muitos dos quais enfrentaram **ações judiciais intimidatórias**.

## 5. Disparidades Raciais e Socioeconômicas

O sistema de falências e dívidas afeta desproporcionalmente **comunidades de baixa renda e minorias raciais**.

- **Estatísticas Alarmantes:**
  - Afro-americanos e latinos são mais propensos a **enfrentar ações judiciais** de credores e têm menos acesso a assessoria jurídica eficaz.
  - Em áreas economicamente deprimidas, práticas predatórias de empréstimos e cobranças são mais frequentes.
- **Impacto Psicológico e Social:**
  - Famílias inteiras são afetadas pelo **estigma, ansiedade e instabilidade** causados pela perseguição judicial de dívidas.

## 6. Falências Corporativas vs. Individuais: Uma Dupla Moral

Enquanto indivíduos sofrem duras consequências, corporações que declaram falência frequentemente **saem ilesas ou até lucram**.

- **Casos de Grandes Empresas:**
  - Empresas como a **Lehman Brothers**, durante a crise de 2008, declararam falência protegendo executivos e acionistas enquanto **prejudicavam milhões de americanos comuns**.
  - A falência corporativa frequentemente resulta

em perdões massivos de dívidas e até subsídios governamentais.

- **A Realidade dos Pequenos Empreendedores:**
  - Pequenos negócios enfrentam **falência devastadora**, com proprietários frequentemente perdendo bens pessoais e sendo responsabilizados por dívidas remanescentes.

## 7. Impactos de Longo Prazo nas Pessoas Comuns

Para muitos que passam pelo sistema de falências, as consequências continuam muito além do processo legal.

- **Dificuldades Pós-Falência:**
  - Históricos de crédito arruinados limitam o acesso a habitação, empregos e empréstimos futuros.
  - Muitos passam anos tentando reconstruir suas vidas financeiras, apenas para serem **atingidos novamente por crises econômicas ou emergências pessoais.**
- **Impacto na Saúde:**
  - Estudos mostram que pessoas endividadas enfrentam **níveis elevados de estresse, ansiedade e depressão**, aumentando o risco de problemas de saúde física e mental.

## 8. Conclusão: Uma Justiça Desigual

O sistema de falências dos EUA é mais do que uma questão econômica; é uma **falha moral e social** que criminaliza os pobres enquanto protege os ricos e poderosos.

**Para mudar essa realidade, o país precisaria:**

- **Reformar as leis de falências**, tornando-as acessíveis e justas para todos.
- Eliminar práticas predatórias de empréstimos e cobranças.

- Investir em programas de apoio financeiro e educação para prevenir o endividamento crônico.

Enquanto isso não acontece, milhões continuarão presos em um ciclo de pobreza, mostrando que, para os menos favorecidos, a falência não é uma solução, mas uma **sentença de condenação social e financeira**.

# CAPÍTULO 20: O TRATAMENTO DAS MULHERES

## 1. O Padrão Barbie: A Obsessão Cultural por Beleza e Status

Nos Estados Unidos, a figura feminina é frequentemente moldada pela busca incessante por um ideal de beleza, muitas vezes inatingível e destrutivo. Esse **"Padrão Barbie"**, perpetuado pela mídia, pela indústria da moda e por redes sociais, valoriza a aparência e popularidade acima de todas as outras qualidades.

- **O Ideal Inatingível:**
    - Pele impecável, corpo magro mas curvilíneo, cabelos perfeitos e um sorriso constante.
    - Produtos de beleza, cirurgias plásticas e tratamentos estéticos promovem a ideia de que a perfeição é acessível – desde que você pague caro.
- **Influência da Mídia:**
    - Hollywood e a publicidade retratam mulheres como objetos de desejo, reforçando a ideia de que sua principal função é agradar os outros, especialmente os homens.
    - Reality shows e redes sociais promovem uma cultura de comparação constante, exacerbando a pressão para cumprir esse padrão.

## 2. O Impacto Psicológico e Social sobre Jovens Mulheres

A pressão para atingir esse ideal de beleza afeta as mulheres desde a infância até a vida adulta, trazendo consequências severas.

- **Distúrbios Alimentares:**

- Transstornos como anorexia e bulimia são alarmantemente comuns, especialmente entre adolescentes que internalizam a ideia de que "magreza é igual a valor".
- Estudos mostram que cerca de **90% das jovens com transtornos alimentares** têm sua percepção corporal influenciada pela mídia.

- **Problemas de Autoestima:**
  - A constante comparação com padrões irreais gera sentimentos de inadequação e baixa autoestima.
  - Mulheres relatam sentir-se julgadas por sua aparência antes de serem valorizadas por suas habilidades ou personalidades.

- **Pressões Sociais na Adolescência:**
  - A obsessão cultural por popularidade – ser a "rainha do baile", a garota desejada – cria um ambiente competitivo e excludente.
  - Jovens que não se encaixam nesse molde enfrentam bullying e isolamento social, muitas vezes com consequências de longo prazo.

## 3. Casos Famosos e a Luta Contra o Padrão Barbie

- **O Movimento Body Positive:**
  - Figuras como **Lizzo** e **Ashley Graham** desafiaram os ideais convencionais, promovendo a aceitação de corpos diversos.
  - Apesar disso, críticas e ataques ainda são frequentes, mostrando que o progresso é lento e cheio de resistência.

- **Casos de Sucesso e Tristeza:**
  - Celebridades como Britney Spears, cuja aparência era constantemente escrutinada

> pela mídia, exemplificam os danos emocionais causados pela obsessão pública.
>
> - Por outro lado, o discurso de aceitação pessoal de mulheres como **Taylor Swift** tem ajudado muitas a repensar sua relação com a imagem corporal.

## 4. As Consequências Econômicas do Padrão de Beleza

A imposição de padrões de beleza não é apenas um problema cultural; é também um **negócio bilionário**, que lucra com a insegurança feminina.

- **A Indústria de Beleza:**
  - Americanas gastam, em média, **US$ 313 por mês** em produtos de beleza e tratamentos.
  - As cirurgias plásticas e procedimentos estéticos movimentam cerca de **US$ 20 bilhões anuais nos EUA.**
- **O Impacto nas Finanças Pessoais:**
  - Muitas mulheres contraem dívidas para manterem-se "competitivas" no mercado de trabalho e social.
  - Essa realidade perpetua a desigualdade econômica, especialmente entre mulheres de baixa renda.

## 5. Pressões Sociais na Era Digital

Com o avanço das redes sociais, o "Padrão Barbie" foi intensificado.

- **Filtros e Cirurgias Virtuais:**
  - Plataformas como Instagram e TikTok popularizaram filtros que distorcem a realidade, criando uma **"perfeição fabricada"** que gera ansiedade e insatisfação entre jovens.
  - Muitas buscam cirurgias plásticas para parecerem com suas versões "editadas" nas

redes sociais.

- **Cultura da Influência:**
  - Influenciadoras digitais promovem um estilo de vida luxuoso e impecável, muitas vezes inatingível.
  - Isso incentiva o consumismo desenfreado e reforça a ideia de que o valor de uma mulher está em sua aparência e status social.

## 6. O Papel dos Homens na Perpetuação do Padrão

Embora o "Padrão Barbie" afete diretamente as mulheres, a **validação masculina** desempenha um papel crucial na perpetuação desse ciclo.

- **Expectativas Desiguais:**
  - Homens não enfrentam as mesmas pressões para atingir padrões irreais de beleza.
  - Muitos ainda medem o valor de uma mulher com base em sua aparência, reforçando estereótipos e alimentando a demanda por conformidade ao padrão.

- **Responsabilidade Masculina:**
  - Homens que desafiam esses padrões e valorizam as mulheres por sua autenticidade ajudam a quebrar o ciclo.

## 7. Caminhos para a Libertação

Superar o "Padrão Barbie" exige um esforço coletivo e mudanças culturais profundas.

- **Educação e Conscientização:**
  - Promover debates sobre diversidade corporal nas escolas e na mídia.
  - Ensinar jovens a consumir mídia de forma crítica, questionando padrões impostos.

- **Representação Autêntica:**
  - Aumentar a diversidade de corpos, etnias e

estilos de vida representados na mídia e no entretenimento.

- **Valorização de Conquistas Reais:**
  - Celebrar mulheres por suas realizações, habilidades e contribuições à sociedade, em vez de sua aparência.

## 8. Conclusão

O "Padrão Barbie" é mais do que um ideal de beleza; é um **reflexo das desigualdades sociais e econômicas** enfrentadas pelas mulheres. Embora avanços estejam sendo feitos, o caminho para a igualdade e aceitação plena ainda é longo.

Enquanto a cultura continuar a valorizar a aparência sobre o caráter, a sociedade como um todo será prejudicada – perdendo não apenas o potencial das mulheres, mas também a chance de construir um mundo mais justo e inclusivo.

# CAPÍTULO 21: O CASO NICK FUENTES E A MISOGINIA MODERNA

## 1. Quem é Nick Fuentes?

Nick Fuentes é um comentarista político de extrema-direita e figura controversa nos Estados Unidos, conhecido por sua **retórica incendiária**, **discursos de ódio**, e visões abertamente **misóginas, racistas e antissemitas**.

- **Trajetória de Influência:**
  - Emergindo como líder do movimento "America First", Fuentes usa plataformas digitais para espalhar suas opiniões radicais.
  - Apesar de ser amplamente condenado, conquistou uma base leal de jovens, predominantemente homens, que compartilham sua visão de mundo.
- **Declarações Polêmicas:**
  - Fuentes fez várias afirmações que minimizam a importância das mulheres na sociedade, incluindo a defesa de que elas devem ser subservientes aos homens.
  - Ele também sugeriu que a **igualdade de gênero** é uma ameaça à ordem natural, promovendo uma visão idealizada de "papéis tradicionais".

## 2. O Reflexo de Ideias Retrógradas na Sociedade Americana

As declarações de Fuentes não são incidentes isolados, mas parte de uma **corrente maior de misoginia moderna** que ganhou força, especialmente em fóruns online e movimentos antifeministas.

- **A Cultura do Ódio na Internet:**
  - Plataformas como Reddit, 4chan e comunidades de "manosfera" (espaços digitais voltados para homens) amplificam narrativas misóginas, promovendo hostilidade contra mulheres.
  - Movimentos como o **MGTOW** (Men Going Their Own Way) e **Incels** (celibatários involuntários) refletem um ressentimento crescente contra a emancipação feminina.
- **Ataques às Conquistas Femininas:**
  - O aumento da representatividade feminina na política, no mercado de trabalho e na educação é frequentemente criticado por indivíduos como Fuentes como "ameaça à sociedade tradicional".
  - Isso cria um clima de resistência às mudanças sociais, reforçando estereótipos antiquados.

## 3. O Papel da Sociedade e da Política

As ideias de Fuentes encontram terreno fértil em uma sociedade que ainda luta para superar **desigualdades históricas** entre os gêneros.

- **A Retórica Conservadora:**
  - A direita americana frequentemente usa discursos de proteção à "família tradicional" para atacar movimentos feministas e LGBTQ+.
  - Isso reforça a ideia de que mulheres devem retornar a papéis subordinados, o que ressoa com figuras como Fuentes.
- **Misoginia e Polarização Política:**
  - No ambiente político polarizado dos EUA, os direitos das mulheres são frequentemente usados como moeda de troca para agradar

bases eleitorais conservadoras.

## 4. Consequências da Misoginia Moderna

A perpetuação dessas ideias retrógradas tem impactos profundos na sociedade, indo desde a saúde mental até a violência real contra mulheres.

- **Impactos Psicológicos:**
  - A constante desvalorização de mulheres em discursos públicos pode levar a uma **diminuição da autoestima** e da sensação de segurança em espaços sociais.
  - Jovens homens expostos a essas narrativas desenvolvem **atitudes tóxicas** e hostis em relação às mulheres.
- **Aumento da Violência de Gênero:**
  - A misoginia moderna está diretamente ligada ao aumento de casos de **assédio**, **abusos psicológicos** e até **feminicídios**.
  - Movimentos antifeministas online frequentemente glorificam a violência como uma resposta "natural" à emancipação feminina.

## 5. Declarações Marcantes de Fuentes

Algumas falas de Nick Fuentes destacam sua visão extremista:

- **Sobre as Mulheres no Poder:**
  - "Se as mulheres querem igualdade, talvez devessem aceitar que não são biologicamente capazes de liderar."
- **Sobre Relacionamentos:**
  - "O papel delas é servir. Sempre foi assim, e sempre será."

Essas declarações ilustram uma tentativa deliberada de deslegitimar as conquistas femininas e perpetuar desigualdades estruturais.

## 6. A Reação da Sociedade e os Movimentos de Resistência

Apesar do aumento da misoginia moderna, há uma resistência crescente contra essas narrativas:

- **Empoderamento Feminino:**
  - Movimentos como **#MeToo** continuam a denunciar abusos de poder e desigualdades, criando um espaço para mulheres compartilharem suas experiências e exigirem mudanças.
- **Contra-ataques à Retórica de Ódio:**
  - Grupos de defesa dos direitos das mulheres estão usando as mesmas plataformas digitais para combater o discurso de ódio, promovendo conscientização e educação.
- **Políticas Públicas:**
  - Alguns estados americanos estão implementando políticas mais rigorosas para combater discriminação de gênero e violência doméstica, embora o progresso ainda seja desigual.

## 7. Conclusão

O caso de Nick Fuentes e suas declarações polêmicas são um **sintoma de um problema maior**: a persistência da misoginia em uma sociedade que ainda luta para equilibrar os gêneros.

Enquanto figuras como Fuentes continuam a ganhar atenção, é crucial que a sociedade não normalize suas ideias, mas as desafie com educação, empatia e políticas inclusivas. A batalha contra a misoginia moderna não é apenas sobre proteger as mulheres – é sobre construir uma sociedade mais justa e equilibrada para todos.

# CAPÍTULO 22: FEMINISMO E A EPIDEMIA DE ESTUPRO NOS EUA

## 1. A Epidemia de Violência Sexual nos Estados Unidos

A violência sexual é uma das crises mais urgentes e persistentes nos Estados Unidos, afetando milhões de pessoas todos os anos.

- **Estatísticas Alarmantes:**
  - Uma em cada seis mulheres nos EUA será vítima de tentativa ou abuso sexual durante sua vida, segundo o **RAINN (Rape, Abuse & Incest National Network).**
  - Em média, um caso de abuso sexual é relatado a cada 68 segundos no país.
  - Estima-se que apenas 25% dos abusos sexuais sejam relatados, o que significa que o problema é ainda mais disseminado do que os dados indicam.
- **Locais de Maior Vulnerabilidade:**
  - Universidades americanas são frequentemente descritas como **"zonas de risco"**, com uma em cada cinco mulheres relatando abuso sexual durante o período acadêmico.
  - Além disso, a violência sexual é endêmica em ambientes de trabalho, particularmente em setores como o entretenimento, conforme revelado por movimentos como o **#MeToo**.

## 2. Movimentos Feministas: A Luta Contra a Violência Sexual

Os movimentos feministas desempenharam um papel fundamental na exposição e combate à violência sexual nos

EUA, enfrentando resistência social e cultural ao longo das décadas.

- **Conquistas Importantes:**
  - **Lei de Violência Contra a Mulher (VAWA):** Implementada em 1994, essa legislação fornece proteção legal e apoio às sobreviventes de violência doméstica e sexual.
  - **Movimento #MeToo:** Lançado por Tarana Burke e popularizado por celebridades, o movimento trouxe à tona a escala dos abusos, particularmente em Hollywood e na política.

- **Desafios Persistentes:**
  - Apesar do progresso, muitos casos ainda são tratados com **negligência pelas autoridades**.
  - Os estereótipos de gênero e a **culpabilização da vítima** continuam sendo barreiras significativas.

## 3. Cultura do Silêncio e Impunidade

A epidemia de violência sexual é exacerbada por uma cultura de silêncio, vergonha e impunidade que protege agressores e desencoraja sobreviventes de denunciarem seus casos.

- **O Sistema Judicial:**
  - Menos de 1% dos agressores são condenados por abuso sexual.
  - Muitas sobreviventes relatam traumas adicionais ao tentar buscar justiça, enfrentando processos de revitimização no tribunal.

- **O Papel das Instituições:**
  - Empresas, universidades e até forças policiais têm sido acusadas de encobrir casos para proteger suas reputações.
  - Um exemplo notório é o escândalo envolvendo

Larry Nassar, o médico da equipe olímpica de ginástica dos EUA, que abusou de mais de 150 atletas sob o olhar complacente das autoridades esportivas.

## 4. Os Impactos da Violência Sexual

A violência sexual tem impactos devastadores em indivíduos e comunidades:

- **Para as Sobreviventes:**
    - Consequências físicas, como gravidez indesejada e doenças sexualmente transmissíveis.
    - Impactos psicológicos, incluindo transtorno de estresse pós-traumático (TEPT), ansiedade e depressão.
    - Dificuldades sociais, como estigmatização e isolamento.
- **Para a Sociedade:**
    - A violência sexual perpetua desigualdades de gênero e reforça sistemas opressivos.
    - A ausência de punição adequada enfraquece a confiança no sistema de justiça.

## 5. Feminismo: Desafios e Oportunidades

Embora o feminismo tenha trazido avanços significativos na luta contra a violência sexual, os desafios permanecem.

- **Desafios Atuais:**
    - **Divisão interna:** Correntes diferentes do feminismo nem sempre concordam sobre as melhores estratégias para abordar questões como violência sexual e direitos reprodutivos.
    - **Resistência Cultural:** Movimentos antifeministas, como os promovidos por figuras da "manosfera", dificultam o progresso.

- **Oportunidades para o Futuro:**
    - **Educação:** A implementação de programas abrangentes de educação sexual pode ajudar a prevenir casos de violência sexual desde cedo.
    - **Tecnologia:** Ferramentas digitais oferecem novos meios para que sobreviventes compartilhem suas histórias e busquem apoio.

## 6. O Papel dos Homens na Luta Contra a Violência Sexual

A luta contra a violência sexual não é apenas uma questão de mulheres; homens têm um papel fundamental a desempenhar.

- **Educação e Consciência:**
    - Homens precisam ser educados sobre **consentimento**, **respeito** e o impacto de seus comportamentos.
    - Campanhas como "HeForShe" promovem a ideia de que a igualdade de gênero beneficia toda a sociedade.
- **Desconstrução de Normas Tóxicas:**
    - Encorajar homens a desafiar normas de masculinidade tóxica é essencial para prevenir a violência sexual.

## 7. Conclusão: Um Problema Sistêmico que Exige Soluções Sistêmicas

A violência sexual nos Estados Unidos não é um problema isolado; é um reflexo de **desigualdades sistêmicas** e **valores culturais arraigados** que precisam ser confrontados de maneira abrangente.

Os movimentos feministas têm sido fundamentais para trazer luz a essas questões, mas o caminho para uma sociedade livre de violência sexual ainda é longo. Com mudanças legislativas, educacionais e culturais, os Estados Unidos podem começar a desmontar a epidemia de estupro e construir um futuro mais justo para todos.

# CAPÍTULO 23: CRIMES NAS RODOVIAS AMERICANAS: O PERIGO NAS ESTRADAS

## 1. Assaltos e Roubos: Vulnerabilidade nas Estradas

As rodovias americanas, frequentemente vistas como símbolos de liberdade e mobilidade, também se tornaram terreno fértil para uma variedade de crimes violentos.

- **Carros Abandonados e Furtados:**
  - Motoristas que sofrem panes mecânicas ou ficam sem combustível são alvos fáceis. Áreas isoladas tornam difícil pedir ajuda rapidamente, expondo os motoristas a assaltos.
  - Casos relatam criminosos simulando acidentes ou pedindo ajuda para atrair vítimas. Após a parada, os motoristas são atacados ou têm seus veículos roubados.
- **Veículos Roubados e Revendidos:**
  - Rodovias interestaduais facilitam o transporte de carros roubados para outros estados, dificultando sua recuperação.
  - Em muitos casos, os veículos são desmontados para venda de peças no mercado negro, um crime que movimenta bilhões de dólares anualmente.

## 2. Sequestros e Sequestros Expressos: O Terror das Estradas

Além dos roubos, as rodovias têm sido palco de crimes ainda mais graves, como sequestros e sequestros expressos.

- **Sequestros Durante Viagens Longas:**
  - Motoristas, especialmente aqueles que dirigem sozinhos, são frequentemente abordados em postos de gasolina, paradas de descanso ou em trechos desertos.
  - Muitos criminosos utilizam armas para forçar as vítimas a dirigir até locais isolados, onde são submetidas a violência física e roubos.
- **Casos Notórios:**
  - Em 2018, um caminhoneiro foi sequestrado por uma quadrilha em uma parada de descanso em Nevada. Ele foi mantido refém por horas antes de ser resgatado.
  - Relatos de mulheres sendo sequestradas após pararem para ajudar motoristas "em apuros" também são frequentes, muitas vezes resultando em abuso sexual e até assassinato.

## 3. A Psicologia do Crime nas Rodovias

As rodovias, por sua própria natureza, criam um ambiente propício para o crime:

- **Isolamento:** Muitos trechos são longos e desérticos, com pouca ou nenhuma vigilância policial.
- **Mobilidade do Crime:** Criminosos podem cometer delitos em um estado e fugir rapidamente para outro, dificultando a ação da polícia.
- **Falsas Aparências:** Criminosos muitas vezes utilizam disfarces, como se passarem por policiais ou motoristas em apuros, para enganar suas vítimas.

## 4. O Impacto nas Vítimas

- **Consequências Psicológicas:**
  - Sobreviventes de sequestros ou roubos relatam transtorno de estresse pós-traumático (TEPT), medo de dirigir e

ansiedade severa.

- Para famílias que perderam entes queridos em crimes nas rodovias, a dor é agravada pela incerteza e pela dificuldade em obter justiça.

. **Perdas Financeiras:**

- Além do trauma emocional, muitas vítimas perdem veículos, pertences e, em alguns casos, economias inteiras em crimes como sequestros expressos.

## 5. O Papel das Autoridades e Suas Falhas

Embora existam esforços para mitigar os crimes nas rodovias, as autoridades enfrentam desafios significativos:

. **Falta de Recursos:**

- Muitas áreas de rodovias não possuem câmeras de vigilância ou patrulhamento suficiente, criando zonas de risco.

. **Problemas de Jurisdição:**

- Com crimes ocorrendo em várias localidades, há confusão sobre qual agência policial deve investigar, levando a atrasos e casos não resolvidos.

## 6. Histórias de Sobrevivência

. **O Caso de Anna:**

- Anna era uma jovem viajando para visitar sua família no Texas. Durante a noite, parou em um acostamento para checar um pneu que estava furado. Foi abordada por dois homens que alegavam querer ajudar, mas acabaram tentando roubá-la. Felizmente, outro motorista chegou ao local e os criminosos fugiram.

. **Mark, o Caminhoneiro:**

- Mark foi vítima de um sequestro relâmpago

enquanto descansava em uma parada no Arizona. Ele conseguiu escapar escondendo seu celular e enviando uma mensagem para a polícia quando foi deixado em um banheiro público.

## 7. Tráfico de Drogas e Armas: As Rodovias como Corredores do Crime

Além de assaltos e sequestros, as rodovias americanas são amplamente utilizadas por organizações criminosas para o transporte de drogas e armas. A conectividade interestadual facilita essas operações ilícitas, permitindo que contrabandistas movam mercadorias com rapidez e eficiência.

*Rotas de Tráfico: Corredores do Crime*

- **Rodovias como Canais Principais:**
  - Rodovias interestaduais como a **I-95** e a **I-10** têm sido identificadas como rotas importantes para o transporte de drogas e armas.
  - Essas rodovias conectam áreas de produção (como fronteiras mexicanas e estados produtores de drogas) a grandes mercados urbanos nos EUA.
- **Áreas Rurais e Postos Isolados:**
  - Trechos rurais oferecem anonimato para contrabandistas, com menos patrulhamento e vigilância.
  - Postos de gasolina e áreas de descanso em locais remotos muitas vezes funcionam como pontos de encontro para transferência de drogas e armas.
- **Casos Notáveis:**
  - Em 2021, uma apreensão na **I-40** no Novo México revelou mais de 20 quilos de heroína escondidos em um caminhão.
  - Na Flórida, armas ilegais destinadas ao mercado negro em Nova York foram interceptadas na **I-95**, mostrando a escala da atividade criminosa.

*Como o Tráfico Funciona:*

- **Drogas:**
  - Narcóticos como cocaína, metanfetaminas, heroína e fentanil são transportados em caminhões, vans e até veículos de passeio adaptados.
  - Drogas são escondidas em compartimentos secretos ou misturadas com mercadorias legais.

- **Armas:**
  - O tráfico de armas segue um fluxo semelhante, com armamentos adquiridos em estados com leis mais brandas (como Texas e Nevada) sendo levados para estados com regulações mais rígidas, onde o lucro é maior.

- **Rede de "Mulas":**
  - Pessoas comuns, muitas vezes pressionadas por dívidas ou ameaças, são usadas como "mulas" para transportar contrabando.

## 8. Polícia e Suas Estratégias

As autoridades têm intensificado os esforços para conter o tráfico de drogas e armas nas rodovias, mas enfrentam inúmeros desafios logísticos e legais.

*Métodos de Fiscalização:*

- **Patrulhas Rodoviárias:**
  - Policiais rodoviários realizam paradas aleatórias e inspeções em áreas de alto risco.
  - Cães farejadores são amplamente utilizados para detectar drogas escondidas em veículos.

- **Postos de Controle e Barreiras:**
  - Em algumas rotas conhecidas, postos de controle temporários são montados para inspecionar veículos suspeitos.
  - Isso é particularmente comum em estados próximos à fronteira mexicana.

- **Tecnologia de Vigilância:**
  - Câmeras e scanners de raio-x instalados em pedágios e postos de pesagem ajudam a identificar

cargas suspeitas.

*Desafios na Luta contra o Tráfico:*

- **Volume de Tráfego:**
  - Com milhões de veículos circulando diariamente, é impossível inspecionar todos.
  - Contrabandistas exploram essa limitação para operar com impunidade.

- **Táticas Criminosas Sofisticadas:**
  - Uso de rotas alternativas e veículos "invisíveis" (caminhões com placas de empresas legítimas, por exemplo).
  - Corrupção em níveis locais, onde alguns funcionários podem ser subornados para ignorar atividades suspeitas.

- **Problemas Jurídicos:**
  - Muitos casos são descartados devido à falta de provas suficientes ou procedimentos inadequados durante as apreensões.

*Casos Reais e Impacto Social:*

- **Apreensões Milionárias:**
  - Em 2022, uma única operação na **I-80** em Iowa resultou na apreensão de 50 quilos de cocaína, avaliada em mais de US$ 5 milhões.
  - No mesmo ano, um comboio na **I-20** no Texas foi interceptado transportando rifles de assalto para cartéis mexicanos.

- **Efeitos na Comunidade:**
  - O tráfico intensifica a violência em comunidades próximas às rodovias, que frequentemente servem como pontos de distribuição de drogas.
  - A facilidade no transporte de armas também alimenta crimes violentos em áreas urbanas e rurais.

## 9. Soluções e Reformas Necessárias

Apesar dos esforços existentes, há muito a ser feito para combater o uso das rodovias no tráfico de drogas e armas:

- **Aumento da Vigilância:**
  - Expansão do uso de tecnologias como drones para monitoramento de rodovias.
  - Integração de sistemas de vigilância entre estados para rastrear padrões de tráfico.
- **Educação e Incentivos:**
  - Treinamento mais avançado para policiais rodoviários em técnicas de detecção.
  - Recompensas para denúncias de atividades suspeitas em rodovias.
- **Cooperação Internacional:**
  - Combate ao tráfico deve incluir colaborações mais fortes com países de origem e trânsito das drogas e armas, como México e Colômbia.

## Serial Killers nas Rodovias: Predadores no Asfalto

As rodovias americanas não são apenas rotas de transporte, mas também palco para crimes brutais cometidos por alguns dos mais infames serial killers da história. O anonimato das estradas longas e isoladas oferece um ambiente perfeito para predadores que se aproveitam da vulnerabilidade de motoristas e passageiros, tornando as rodovias verdadeiros territórios de caça.

*O Caso de Ted Bundy: O Monstro das Estradas*

Ted Bundy, um dos serial killers mais notórios dos Estados Unidos, utilizava rodovias e áreas isoladas para atrair e sequestrar suas vítimas. Sua capacidade de manipulação e charme o ajudava a conquistar a confiança de jovens mulheres, muitas vezes fingindo estar ferido ou precisando de ajuda com o carro.

- **Método Operacional:**
  - Bundy frequentemente estacionava seu Volkswagen Beetle em locais estratégicos, como estacionamentos próximos a rodovias ou entradas de parques.

- Ele pedia ajuda a mulheres jovens, muitas vezes simulando estar com um braço ou perna engessada.
- Uma vez que a vítima confiava nele, Bundy as forçava a entrar em seu carro, onde estavam presas e vulneráveis.

- **Rodovias e Assassinatos:**
  - Muitos dos crimes de Bundy ocorreram em áreas próximas a rodovias, facilitando sua fuga rápida e dificultando a localização de pistas pelas autoridades.
  - Seus assassinatos em estados como Utah, Colorado e Washington mostram o uso estratégico das estradas para evitar capturas imediatas.

- **Impacto e Lições:**
  - Bundy demonstrou como a combinação de inteligência, carisma e uso tático das rodovias permitiu que ele cometesse dezenas de assassinatos antes de ser capturado.
  - Sua história serve como um lembrete sombrio da vulnerabilidade de viajantes em estradas isoladas.

*Outros Assassinos Notórios: O Uso de Rodovias como Território de Caça*

Ted Bundy não foi o único a explorar as rodovias como cenário para seus crimes. Ao longo das décadas, outros serial killers seguiram padrões semelhantes, utilizando o isolamento e o anonimato das estradas para atacar.

- **Samuel Little:**
  - Considerado o maior serial killer da história dos EUA, Little confessou mais de 90 assassinatos.
  - Muitas de suas vítimas eram mulheres vulneráveis, incluindo prostitutas e dependentes químicos, que ele encontrava em áreas próximas a rodovias.

- **"The I-5 Killer" – Randall Woodfield:**
  - Woodfield aterrorizou a costa oeste dos EUA na década de 1980, cometendo uma série de estupros e assassinatos ao longo da rodovia I-5.

- Ele usava a rodovia para percorrer grandes distâncias e escapar rapidamente após os ataques.
- **"The Highway Killer" – Larry Eyler:**
  - Eyler foi condenado por uma série de assassinatos de jovens homens e garotos na década de 1980.
  - Ele sequestrava suas vítimas em postos de descanso e áreas isoladas ao longo de rodovias interestaduais no Meio-Oeste.

*Características Comuns dos Crimes em Rodovias*

- **Anonimato:**
  - Rodovias oferecem uma sensação de liberdade e anonimato, dificultando a identificação de testemunhas ou capturas.
- **Falta de Vigilância:**
  - Muitas áreas próximas a rodovias, como postos de descanso, são mal iluminadas e pouco patrulhadas, tornando-as locais ideais para ataques.
- **Vítimas Vulneráveis:**
  - Serial killers frequentemente escolhem vítimas que estão sozinhas, com carros quebrados ou em situação de risco, como pedestres ou caroneiros.
- **Mobilidade:**
  - Rodovias permitem que os criminosos viajem rapidamente entre estados, complicando a coordenação entre forças policiais de diferentes jurisdições.

*A Caçada aos Predadores das Rodovias*

Autoridades têm adotado várias estratégias para enfrentar o desafio de capturar serial killers que atuam em rodovias:

- **Perfis Psicológicos:**
  - Analistas criminais desenvolvem perfis detalhados de suspeitos com base em padrões de comportamento e locais dos crimes.
- **Tecnologia de Rastreamento:**
  - Câmeras de trânsito e sistemas de pedágio são

usados para identificar veículos suspeitos.

- **Coordenação Interestadual:**
  - Forças policiais em diferentes estados têm se unido para compartilhar informações e rastrear criminosos que utilizam rodovias para fugir.

## Tráfico Humano

As rodovias americanas não apenas facilitam o transporte legal de bens e pessoas, mas também servem como um dos canais mais significativos para o tráfico humano nos EUA. Muitas vezes, esse crime é disfarçado sob a aparência de transporte legítimo, tornando difícil para as autoridades e cidadãos comuns detectarem a realidade sombria desse cenário. Estruturas sofisticadas e a falta de fiscalização em áreas isoladas tornam as estradas um espaço privilegiado para o tráfico de pessoas, especialmente em regiões rurais e suburbanas.

*Vítimas no Caminho: O Transporte de Vítimas de Tráfico Humano*

O tráfico humano nas rodovias americanas é um crime que envolve o transporte de vítimas para exploração em diversos contextos, como trabalho escravo, prostituição, tráfico de órgãos e outros propósitos nefastos. Muitas dessas operações dependem das longas distâncias e do isolamento das rodovias para evitar a detecção das forças de segurança e da sociedade em geral.

- **Transporte Disfarçado:**
  - Os traficantes costumam usar veículos comuns, como vans, carros ou caminhões, que parecem ser parte do fluxo normal do tráfego.
  - Muitas vezes, eles escondem as vítimas no interior dos veículos ou nas partes menos visíveis, como fundos falsos ou compartimentos secretos.
  - As rodovias interestaduais são preferidas por traficantes devido ao fácil acesso e à velocidade com que é possível atravessar vários estados.
- **Pontos Estratégicos:**
  - **Postos de Descanso:** Muitas vítimas são encontradas em postos de descanso, onde o tráfego intenso e os serviços disponíveis tornam o

disfarce ainda mais convincente.

- ○ **Áreas Rurais:** O isolamento das áreas rurais facilita o transporte das vítimas, com menos patrulhamento e vigilância das autoridades.

- **Impacto Social:**
  - ○ O tráfico humano afeta diversas comunidades nos EUA, com histórias de pessoas desaparecidas e famílias destruídas.
  - ○ Muitos trabalhadores estrangeiros e jovens são atraídos para o tráfico com promessas falsas de emprego e melhores condições de vida, apenas para se tornarem vítimas de exploração e abuso.

*Resgates e Investigações: O Combate ao Tráfico Humano*

O tráfico humano é um crime complexo, mas diversas iniciativas das autoridades e organizações sociais têm buscado desmantelar essas operações e resgatar as vítimas das mãos dos traficantes. Apesar dos esforços contínuos, ainda há muitos desafios a serem enfrentados.

- **Agências Governamentais:**
  - ○ **Departamento de Segurança Interna (DHS):** Trabalha em conjunto com o FBI e outras agências federais para investigar e desarticular redes de tráfico humano.
  - ○ **Patrulhamento de Estradas:** Autoridades em rodovias realizam parcerias em níveis estaduais e federais, utilizando câmeras e sistemas de inteligência para monitorar e verificar veículos suspeitos.

- **Organizações Não Governamentais (ONGs):**
  - ○ Muitas ONGs desempenham um papel crucial no resgate e apoio às vítimas, oferecendo assistência legal, suporte psicológico e reintegração social.
  - ○ **Coalition to Abolish Slavery and Trafficking (CAST):** Trabalha para fornecer recursos essenciais às vítimas e colaborar com a aplicação das leis.

- **Campanhas de Conscientização Pública:**

- Campanhas educativas buscam alertar o público sobre os sinais de tráfico humano, como a presença excessiva de pessoas em vans, comportamento suspeito e locais isolados.
- Muitas vezes, motoristas e cidadãos comuns são incentivados a fazer denúncias anônimas, ajudando a identificar atividades ilegais ao longo das rodovias.

*Desafios no Combate ao Tráfico Humano*

Embora haja esforços significativos para combater o tráfico humano, o problema persiste devido ao cenário complexo e à natureza clandestina dessa atividade.

- **Falta de Recursos Adequados:**
  - Muitos estados e cidades enfrentam limitações financeiras, o que prejudica a implementação de patrulhamento extensivo e investimentos em tecnologia.
- **Juridição Fragmentada:**
  - A coordenação entre agências federais, estaduais e municipais nem sempre é eficiente, dificultando a cooperação entre diferentes níveis do governo.
- **Rede Internacional:**
  - O tráfico humano frequentemente transcende as fronteiras nacionais, exigindo colaboração entre países e agências internacionais para desmantelar as redes criminosas que atuam globalmente.

## Acidentes Fatais e Crimes de Trânsito

As rodovias americanas são frequentemente palco de acidentes fatais, alguns dos quais vão além do simples erro humano ou desatenção. Muitos casos apresentam características suspeitas que revelam cenários de homicídios, atentados ou atividades criminosas. Além disso, o aumento das atividades de motoristas imprudentes e criminosos torna as estradas um espaço perigoso para todos os cidadãos.

*Acidentes Suspeitos: Colisões que se Tornam Cenas de Crime*

Nem todos os acidentes nas rodovias são acidentais. Muitas

vezes, colisões podem ser usadas para encobrir homicídios, tentativas de assassinato ou operações criminosas.

- **Encobrimento de Homicídios:**
    - Há casos em que um acidente de trânsito é usado como fachada para homicídios. Por exemplo, disputas entre gangues ou empresas podem resultar em colisões premeditadas para eliminar testemunhas ou rivais.
    - Esses acidentes frequentemente envolvem veículos que colidem de maneira estratégica, tornando a cena difícil de investigar e analisar pelas autoridades.
- **Tentativas de Assassinato:**
    - Em muitos cenários, motoristas profissionais ou criminosos contratam pessoas para realizar acidentes planejados, visando eliminar alvos específicos sem deixar vestígios claros.
    - Investigações desse tipo revelam o uso de métodos elaborados e frequentemente a participação de indivíduos com conexões dentro do cenário criminal ou das grandes empresas.
- **Encobertamentos Corporativos e Políticos:**
    - Há casos onde acidentes estão ligados ao cenário político ou corporativo, sendo usados para abafar investigações ou desviar a atenção dos órgãos de controle.
    - O uso das rodovias como palco desses crimes revela como interesses corporativos e políticos podem estar entrelaçados, comprometendo a transparência e a justiça.

*Motoristas Imprudentes e Criminosos: A Agressividade no Tráfego*

O aumento de crimes e acidentes envolvendo motoristas imprudentes é um reflexo das falhas tanto no sistema de segurança das rodovias quanto das políticas públicas e sociais do país.

- **Motoristas Embriagados:**
    - A combinação de álcool e direção é um dos

principais fatores das fatalidades em rodovias americanas.

- Muitos acidentes graves são causados por motoristas embriagados, colocando vidas inocentes em risco e revelando a necessidade urgente de uma abordagem mais agressiva e eficaz na prevenção desse comportamento.

- **Criminosos em Fuga:**
  - Motoristas fugitivos, frequentemente envolvidos em atividades criminosas, utilizam as rodovias para escapar das autoridades, criando cenas caóticas e perigosas.
  - Seja por roubo, tráfico ou assassinato, a fuga desesperada desses motoristas aumenta o número de acidentes e representa um desafio significativo para as estratégias das forças de segurança.

- **Gangues e Violência no Tráfego:**
  - Muitas gangues usam as rodovias para transporte de drogas e armas, mas também para resolver disputas internas e externas através de colisões e emboscadas.
  - Isso não apenas gera violência, mas também um ciclo de medo e insegurança entre os motoristas comuns, especialmente em áreas urbanas e suburbanas.

## Uma Batalha sem fim

As rodovias americanas são um microcosmo das falhas estruturais e institucionais do país, revelando a interação complexa entre crime, negligência social e desinteresse das autoridades. Seja no tráfico humano, no tráfico de drogas, nos acidentes suspeitos ou na violência das gangues, o cenário das rodovias expõe como o país luta para manter o controle e garantir a segurança das pessoas.

Os casos discutidos neste capítulo ilustram a interconexão entre interesses corporativos, políticos e sociais e como esses elementos colaboram para criar um ambiente perigoso e instável. Apesar dos esforços das agências governamentais e das ONGs, os desafios persistem, exigindo maior investimento em tecnologia, políticas públicas robustas e uma abordagem integrada entre os níveis federal, estadual e municipal.

É necessário implementar medidas de fiscalização mais intensas, combater a corrupção entre os agentes responsáveis pela segurança pública e investir em programas sociais que ofereçam oportunidades reais para os cidadãos menos favorecidos. O problema das rodovias americanas não é apenas uma questão de segurança, mas um reflexo das desigualdades econômicas, falhas do sistema judicial e da necessidade urgente de uma reforma social e estrutural profunda.

As rodovias não podem ser vistas apenas como canais de transporte; elas são um espaço que exige responsabilidade, ética e compromisso das instituições e da sociedade americana. Garantir a justiça e a segurança nessas estradas significa enfrentar os problemas de forma direta, com transparência e comprometimento, restaurando o verdadeiro propósito das rodovias: conectar e fortalecer a nação, e não apenas servir como espaço para o tráfico, a violência e o encobertamento de crimes.

# CAPÍTULO 24: TRÁFICO HUMANO E VENDA DE ÓRGÃOS

## Rotas, Redes de Tráfico e o Impacto nas Vítimas

O tráfico humano e a venda ilegal de órgãos têm sido problemas persistentes e alarmantes nos Estados Unidos. Com rotas complexas e redes operando tanto em nível local quanto internacional, o país se tornou um dos centros cruciais desse comércio ilegal, explorando vulnerabilidades sociais e econômicas para lucrar à custa das vítimas.

### 1. Rotas e Redes de Tráfico

Os Estados Unidos possuem uma localização estratégica e recursos institucionais que facilitam a operação das redes de tráfico humano e venda de órgãos. Muitas dessas operações dependem das rodovias, aeroportos e conexões internacionais para o transporte das vítimas e produtos ilegais.

- **Rotas de Tráfico entre Estados:**
  - Muitas vezes, redes de tráfico humano utilizam rodovias interestaduais como corredores para o transporte das vítimas.
  - Esses caminhos facilitam o deslocamento das vítimas entre estados, disfarçando os crimes e evitando o controle das autoridades locais.
  - Muitas vítimas são atraídas com promessas de trabalho, educação ou uma vida melhor, apenas para descobrir que foram traficadas e entregues a redes criminosas.

- **Rotas Internacionais:**
  - O país também serve como um ponto de entrada e saída para redes internacionais de tráfico humano, especialmente vindo da América Latina, Europa e Ásia.
  - Aeroportos e portos desempenham um papel

crucial no comércio clandestino, garantindo que produtos ilegais e pessoas sejam transportados sem o devido controle das agências federais e policiais.

*2. Impacto nas Vítimas*

As consequências do tráfico humano e da venda de órgãos são devastadoras para as vítimas, que frequentemente enfrentam exploração extrema, violência e até mesmo a perda da vida.

- **Exploração Sexual e Trabalho Escravo:**
  - Muitas mulheres e crianças acabam sendo usadas na indústria do sexo ou em empregos forçados, sem qualquer direito ou proteção legal.
  - Homens também são explorados em trabalhos físicos perigosos e insalubres, sem nenhum tipo de compensação ou suporte social.

- **Venda de Órgãos:**
  - Em alguns casos, vítimas são submetidas a procedimentos médicos ilegais para extração e venda de órgãos.
  - Esses procedimentos não apenas colocam a vida das vítimas em risco imediato, mas também frequentemente as deixam em situação de extrema vulnerabilidade física e psicológica.

As vezes, começa com exploração da força de trabalho ou sexual e quando a pessoa já não serve mais para essas funções ou atividades, eles vendem seus órgãos. Uma crueldade e mais um dos piores aspectos do capitalismo. A prova do porque esse sistema não funciona e é extremamente nocivo para a vida humana.

## Escândalos Envolvendo Autoridades e Empresas

Os EUA têm um histórico complicado de envolvimento com o tráfico humano e a venda de órgãos, com alguns casos expondo escândalos que envolvem tanto autoridades públicas quanto empresas privadas.

*1. Corrupção nas Agências Governamentais e Polícia*

- **Subornos e Conivência:**

- Em muitos casos, agentes das forças policiais e representantes do governo local ou federal têm sido acusados de receber subornos para fechar os olhos ao tráfico humano.
- Informações revelam que alguns policiais facilitam o transporte das vítimas ou ignoram sinais de exploração em suas comunidades.

- **Falhas no Sistema Judiciário:**
  - A dificuldade das vítimas em acessar recursos legais e apoio social é agravada pela ineficiência e falta de rigor das agências judiciário-administrativas.
  - O sistema penal e judicial frequentemente prioriza interesses econômicos e políticos em detrimento das vítimas.

*2. Empresas Privadas e Comércio Ilegal*

- **Mercado de Órgãos:**
  - O país também tem presenciado escândalos envolvendo clínicas médicas e laboratórios que estão ligados ao tráfico de órgãos.
  - Empresas privadas, atraídas pela alta demanda e lucro potencial, têm sido implicadas em práticas ilegais de extração e venda de órgãos humanos.

- **Empresas de Transporte e Logística:**
  - Transportadoras e serviços de logística têm sido usados para disfarçar a movimentação clandestina de pessoas e materiais ilegais, garantindo que o tráfico humano e a venda de órgãos aconteçam sem detecções significativas.

## Por Que os EUA São um Alvo Preferido para o Tráfico Humano e Venda de Órgãos?

O papel central dos Estados Unidos no tráfico humano e venda de órgãos é influenciado por uma combinação de fatores sociais, econômicos e institucionais.

*1. Vulnerabilidades Socioeconômicas*

- **Desemprego e Desigualdade Social:**
  - A alta taxa de desemprego e a desigualdade social geram oportunidades para traficantes que recrutam vítimas prometendo emprego e estabilidade financeira.
  - Muitas pessoas em comunidades desfavorecidas acabam sendo atraídas com promessas que rapidamente se tornam armadilhas mortais.

- **Desproteção das Minorias:**
  - As comunidades étnicas e raciais nos EUA, especialmente as minorias latino-americanas e africanas, frequentemente enfrentam menos suporte social e governamental.
  - Isso os torna alvos vulneráveis tanto para o tráfico humano quanto para os abusos das redes criminosas.

*2. Localização Estratégica e Infraestrutura*

- **Proximidade Geográfica e Acesso Internacional:**
  - A proximidade dos EUA com países da América Latina e o acesso facilitado aos mercados internacionais tornam o país um ponto central para o tráfico de pessoas e mercadorias ilegais.
  - Rodovias interestaduais, aeroportos e portos garantem o transporte rápido e discreto dessas operações.

- **Alta Demanda Interna:**
  - A procura constante por serviços baratos e ilegais contribui para a perpetuação desse tráfico, seja na indústria do sexo, trabalho escravo ou no comércio de órgãos humanos.

*Atualmente, em Locais Turísticos e Mercados Populares*

Nos dias atuais, o tráfico humano e a venda ilegal de órgãos não ocorrem apenas em áreas rurais ou em lugares isolados. Eles têm se tornado cada vez mais visíveis em locais turísticos, centros urbanos e mercados populares, como os famosos estabelecimentos do Walmart. Essa realidade expõe como o problema do tráfico humano se infiltrou no tecido social e econômico dos Estados Unidos, tornando-se um cenário preocupante em diversas facetas da vida cotidiana americana.

# 1. Centros Urbanos e Locais Turísticos

Os traficantes de pessoas e órgãos buscam esconder suas operações em áreas densamente povoadas e visíveis ao público, aproveitando o movimento constante e a falta de fiscalização efetiva.

## 1.1. Em Locais Turísticos

- **Hotéis e Restaurantes:**
  Muitas vezes, traficantes usam hotéis, restaurantes e áreas de entretenimento em grandes cidades e centros turísticos como fachada para esconder suas operações.
  - Vítimas são recrutadas em bairros carentes e transportadas para esses locais para exploração em atividades clandestinas.
  - Trabalhos como garçonetes, serviços de limpeza e entretenimento são frequentemente usados para ocultar a exploração.

- **Praias e Eventos:**
  Em cidades litorâneas e centros urbanos famosos, traficantes costumam usar praias, festivais e eventos culturais como meios para atrair vítimas e cometer transações ilegais.

## 1.2. Shopping Centers e Mercados Populares (Exemplo: Walmart)

O Walmart e outros grandes mercados populares têm sido utilizados como pontos de recrutamento e pontos de encontro clandestinos para redes criminosas.

- **Ofertas de Empregos Falsos:**
  Muitos jovens e imigrantes são atraídos ao Walmart e outros mercados populares com promessas de empregos temporários ou bem remunerados.
  - Em muitos casos, essas ofertas são falsas e, ao aceitarem o emprego, as vítimas acabam sendo exploradas em condições análogas ao trabalho

escravo.

- **Transporte e Encobrimento das Transações:**
  - As vastas operações logísticas dessas empresas facilitam o movimento de mercadorias e pessoas, o que os traficantes exploram para disfarçar suas transações ilegais.
  - Entregas, estoques e operações diárias podem ser usadas como fachada para transporte clandestino de vítimas e produtos ilegais.

## Conclusão

O tráfico humano e a venda ilegal de órgãos nos Estados Unidos representam problemas profundos e sistemáticos, que vão além do comércio clandestino. Eles envolvem questões sociais, econômicas e políticas, com o comprometimento das autoridades públicas e grandes corporações facilitando a perpetuação desse cenário brutal.

Os mercados populares, centros urbanos e áreas turísticas têm se tornado centros estratégicos das operações, explorando as vulnerabilidades das vítimas e a falta de políticas públicas efetivas. Para resolver esse cenário, são necessárias políticas de controle social mais robustas, a transparência das grandes empresas e investimentos substanciais em programas de apoio às comunidades vulneráveis.

O combate ao tráfico humano e à venda de órgãos não é apenas uma luta contra o crime, mas um compromisso de responsabilidade social e moral. Somente com a cooperação entre o governo, a sociedade civil, as empresas e as comunidades será possível garantir a proteção das vítimas e a erradicação dessas operações clandestinas, criando um futuro mais seguro e ético para todos os americanos.

# CAPÍTULO 25: DESAPARECIMENTO DE PESSOAS — UM SILÊNCIO ALARMANTE

## Casos Emblemáticos e Números Assustadores

*O Desaparecimento de Menina Amber e o Caso Disney*

O desaparecimento de crianças e adultos em áreas públicas e turísticas é um problema alarmante nos Estados Unidos. Entre os casos mais impactantes, destaca-se o caso de Amber Hagerman, que se tornou um símbolo nacional dos desaparecimentos infantis, mas há também um aspecto sombrio envolvendo locais considerados seguros e populares, como a Disney.

*1. O Caso Amber Hagerman*

Amber Hagerman, uma menina de apenas 9 anos, desapareceu em 1996 em Arlington, Texas. Ela foi sequestrada enquanto andava de bicicleta, e seu corpo foi encontrado dias depois. O caso despertou um alerta nacional e resultou na criação do **Sistema de Alerta AMBER**, um programa que visa encontrar crianças desaparecidas de maneira rápida e eficiente.

**Impacto Social e Familiar:**

- A tragédia de Amber Hagerman é um exemplo das falhas das redes sociais e das agências de segurança em proteger crianças em locais considerados seguros.
- Muitas famílias perderam entes queridos sem respostas claras ou suporte das autoridades, gerando angústia e frustração entre as vítimas e suas comunidades.

*2. A Disney e o Desaparecimento de Pessoas*

A Disney, um dos destinos turísticos mais icônicos e frequentados do mundo, também tem sido associada ao desaparecimento de pessoas ao longo dos anos. Embora a imagem da Disney transmita felicidade e diversão, muitos casos revelam um cenário sombrio por trás dos parques temáticos.

*Desaparecimentos dentro dos Parques Temáticos*

- Diversas famílias relataram desaparecimentos inexplicáveis dentro dos parques da Disney. Muitas dessas crianças e adultos desapareceram sem deixar vestígios em áreas de grande movimento e popularidade, como os parques Magic Kingdom e Disneyland.
- Informações frequentemente sugerem que alguns desses desaparecimentos estão ligados ao tráfico humano, redes clandestinas e exploração de crianças.

## 3. Indivíduos Envolvidos e Conivência das Autoridades

*1. Redes Internas e Fatos Ocultos*

- Investigações revelaram que alguns membros das equipes de funcionários dos parques têm conexões suspeitas ou já foram acusados de envolvimento em crimes graves, incluindo tráfico humano e exploração infantil.
- Esses funcionários, em combinação com conexões externas, facilitam a operação clandestina desses desaparecimentos, atraindo vítimas vulneráveis e disfarçando suas atividades para evitar qualquer suspeita das autoridades e do público.

*2. Falhas Sistêmicas das Autoridades*

A ineficiência das agências de segurança pública no controle dos desaparecimentos é outro ponto crucial. Muitas vezes, os desaparecimentos em locais como a Disney e outros centros turísticos sofrem com:

- **Falta de Investigação Adequada:** Muitas vezes, os casos não são priorizados pelas agências de segurança pública devido ao grande fluxo de visitantes e à dificuldade em identificar possíveis conexões clandestinas entre traficantes e membros das redes de trabalho temporário.
- **Proteção Institucional:** Empresas e destinos turísticos, como a Disney, possuem recursos financeiros poderosos e influência significativa, o que torna difícil para a polícia e o FBI investigarem possíveis crimes sem confrontar poderosos interesses institucionais.

*3. Encobertamento e Conivência*

- Muitas famílias não recebem respostas das empresas

responsáveis pelos parques e acabam enfrentando obstáculos burocráticos e legais.

- A empresa Disney, em particular, tem sido acusada de minimizar os incidentes e não colaborar adequadamente com as investigações das famílias dos desaparecidos.

## 4. Impacto na Sociedade

Os desaparecimentos geram um impacto psicológico e social devastador:

1. **Desconfiança das Famílias**
   Muitas famílias perderam a confiança em locais que deveriam ser considerados seguros, como parques temáticos e mercados populares.

2. **Pressão Social e Perda de Turismo**

O desaparecimento de turistas e crianças afeta negativamente a imagem da Disney e o turismo em geral, afetando milhões de dólares em investimentos e empregos.

3. **Fortalecimento das Redes Criminais**
   Esses desaparecimentos alimentam as redes clandestinas que lucram com a exploração de vítimas, sendo um componente crucial do tráfico humano e das transações ilegais.

## Conclusão

O desaparecimento de pessoas nos Estados Unidos, especialmente em locais considerados seguros e populares como parques turísticos e mercados urbanos, revela a complexidade e a gravidade desse problema social e criminal. Casos emblemáticos, como o desaparecimento de Amber Hagerman e o cenário sombrio envolvendo a Disney, mostram como as redes clandestinas e a corrupção institucional facilitam o tráfico humano e o desaparecimento sistemático das vítimas.

É crucial que haja um esforço real e transparente entre as famílias, o governo, a sociedade e as grandes empresas para combater essas operações criminosas. Investimentos em medidas preventivas, controle das redes corporativas e maior transparência das autoridades poderiam ajudar a resolver esses problemas e proteger milhões de americanos e visitantes internacionais. A segurança das crianças e das famílias não deve ser comprometida em nome de interesses corporativos ou lucro financeiro — é um compromisso ético e social fundamental que a sociedade americana precisa enfrentar urgentemente.

# CAPÍTULO 26: CRIMES NO HALLOWEEN O TERROR DA VIDA REAL

## Introdução

O Halloween, originalmente um feriado pagão celebrado para afastar os maus espíritos, tornou-se um símbolo cultural dos Estados Unidos, um dia de fantasias, festas, doces e diversão. No entanto, essa data festiva também traz à tona um cenário sombrio: crimes reais e incidentes assustadores. Apesar das fantasias e decorações coloridas, o Halloween é um dia em que as ruas americanas revelam a vulnerabilidade das pessoas e o impacto das falhas sociais e institucionais. Este capítulo explora desde casos históricos famosos até crimes modernos, mostrando como essa data pode ser um reflexo das fragilidades culturais e institucionais nos Estados Unidos.

## Casos Famosos

*1. Ronald Clark O'Bryan – O Homem do Halloween*

Um dos casos mais conhecidos e sombrios do Halloween é o caso de **Ronald Clark O'Bryan**, conhecido como o *"Homem do Halloween"*.

- **O Caso:**
  Ronald Clark O'Bryan, em 1974, envenenou doces distribuídos para crianças no Halloween em sua comunidade em Texas. Ele colocou **cianeto** nos chocolates e os ofereceu a crianças do bairro, visando obter **benefícios financeiros** com seguros de vida.

- **Resultado:**
  Ele conseguiu matar seu próprio filho, Timothy O'Bryan, nesse ato cruel e calculista.

- **Impacto:**
  Esse caso levantou preocupações sobre a **segurança dos**

**doces** distribuídos no Halloween e a necessidade de medidas preventivas e de inspeção dos produtos oferecidos à criançada.

Esse episódio gerou o conceito das **"Inspeções de Doces"**, em que pais e comunidades verificam se os itens distribuídos são seguros antes de entregá-los às crianças.

*2. Assassinatos Mascarados e Multidões*

Durante as festividades do Halloween, o uso das fantasias e o anonimato das máscaras tornam fácil o disfarce e a fuga dos criminosos. Muitas vezes, assassinatos e crimes brutais são cometidos e facilmente encobertos pela multidão ou pelo anonimato das fantasias.

**Casos Significativos:**

- **Vítimas Desconhecidas:**
  Criminosos costumam usar máscaras e fantasias para se misturar ao público e atacar de surpresa, evitando o reconhecimento e a captura pelas autoridades.

- **Eventos Urbanos:**
  Bairros densos e cidades metropolitanas, com festas de rua e paradas, aumentam o risco desses crimes. Os assassinatos mascarados e o caos das multidões dificultam o trabalho das forças de segurança.

*3. Desaparecimentos e Sequestros no Halloween*

Em muitos casos, o Halloween se torna um dia em que crianças e adolescentes desaparecem misteriosamente, especialmente em áreas urbanas ou subúrbios.

- **Riscos das Festas e Ruas:**
  Sequestros e desaparecimentos ocorrem frequentemente em festas ou eventos próximos às ruas movimentadas. A diversão e o consumo de álcool tornam as crianças vulneráveis a criminosos.

- **Desafios das Autoridades:**
  A dificuldade em localizar suspeitos e a ineficiência das investigações contribuem para que muitos desses desaparecimentos não sejam resolvidos, tornando-se casos longos e assustadores para as famílias.

# Crimes Modernos

### *1. Aumento dos Crimes e Vandalismo*

Na atualidade, o Halloween também tem sido marcado por crimes como **vandalismos, ataques físicos e crimes de ódio**.

- **Destruição Pública:**
  Jovens e grupos costumam cometer atos de destruição em espaços públicos e residenciais, quebrando janelas, pichando paredes e danificando propriedades.
- **Conflitos e Agressões:**
  Batalhas entre grupos em áreas urbanas e suburbanas têm sido frequentes, especialmente em festas e eventos de grande porte.

### *2. Abuso e Exploração de Crianças*

Durante festas e eventos, surgem preocupações com o abuso e a exploração das crianças:

- **Grupos e Eventos Informais:**
  Muitas vezes, crianças são recrutadas para vender doces, fazer shows ou estar em locais perigosos, expondo-se ao tráfico humano e ao abuso financeiro e emocional.
- **Medo das Festas Comunitárias:**
  Comunidades e centros sociais muitas vezes não têm medidas adequadas para proteger os jovens, deixando-os vulneráveis ao abuso e ao tráfico humano, especialmente em grandes centros urbanos.

## Conclusão

O Halloween, embora seja um dia de celebração e diversão, revela as profundas vulnerabilidades sociais e institucionais nos Estados Unidos. A combinação das fantasias, a cultura das multidões e o anonimato proporcionado pelas máscaras tornam o Halloween um dia especialmente perigoso e um verdadeiro teste para a eficácia das medidas preventivas e das agências de segurança pública.

É crucial uma abordagem robusta e cooperativa entre a **sociedade civil, os governos e as comunidades**, garantindo que haja medidas de **vigilância, inspeção comunitária e sistemas de alerta** eficientes. Investimentos em policiamento preventivo e o fortalecimento das redes comunitárias são fundamentais para proteger crianças e adultos e impedir que o Halloween se transforme apenas em um dia de tragédia e desaparecimentos.

O verdadeiro desafio está em criar um equilíbrio entre a celebração cultural e o respeito pela segurança das pessoas, garantindo que a diversão do Halloween não traga o custo irreversível do sofrimento das vítimas e suas famílias. Apenas com medidas preventivas rigorosas e compromisso social, os Estados Unidos poderão resgatar a segurança e a magia do Halloween como um dia que une comunidades em celebração e alegria, e não em medo e desespero.

# CAPÍTULO 27: O MARKETING DO SONHO AMERICANO

## Introdução

O *Sonho Americano* é um conceito tão enraizado na cultura dos Estados Unidos que se tornou quase um mantra nacional. Ele promete sucesso, liberdade e prosperidade através do trabalho duro e da iniciativa pessoal. Hollywood desempenha um papel crucial nesse mito, utilizando filmes e séries para moldar a imagem de uma vida idealizada. A ideia é clara: nos Estados Unidos, qualquer pessoa pode alcançar o sucesso, independentemente de origem social, raça ou condição financeira. No entanto, o que a mídia e a propaganda ocultam é a realidade brutal do sistema econômico e social que favorece apenas os **mais ricos e poderosos**, enquanto a maioria das pessoas luta para sobreviver. Este capítulo explora a maneira como Hollywood e a mídia contribuem para a construção desse mito e como, na prática, o sistema perpetua a desigualdade e a exclusão.

## 1. Hollywood como Ferramenta de Propaganda

*A Imagem do Sucesso Instantâneo*

Os filmes e séries de Hollywood frequentemente mostram personagens que alcançam sucesso e riqueza de maneira rápida e fácil. Personificações do *Sonho Americano* são vistas em histórias de jovens que saem do nada para se tornarem milionários ou que conseguem fama instantânea com talento ou sorte.

**Exemplos de Impacto:**

- **Estrelas do Cinema e Música:**
  No imaginário coletivo, muitos acreditam que ser descoberto por um agente ou aparecer em um reality show é o caminho para o sucesso financeiro e a fama. A mensagem subjacente é clara: **qualquer um pode vencer**,

desde que acredite em si mesmo e faça o esforço necessário.

- **Negócios e Empreendedorismo:**
Filmes como *"À Procura da Felicidade"* exemplificam o conceito do trabalho duro levando ao sucesso, mas omitem o papel das conexões sociais, investimentos iniciais e dos recursos financeiros necessários que apenas os privilegiados possuem.

*O Poder das Redes Sociais e Influenciadores*

Com o surgimento das redes sociais e os influenciadores digitais, Hollywood deixou de ser a única fonte dessa propaganda. Agora, figuras públicas e influencers promovem estilos de vida opulentos e motivacionais que reforçam a ideia do *Sonho Americano*.

- **Influenciadores e Promessas:**
Pessoas comuns, através das mídias sociais, compartilham histórias de sucesso instantâneo, viagens luxuosas e ganhos rápidos, ignorando a realidade das falhas do sistema financeiro e das dificuldades enfrentadas por aqueles que não têm acesso aos mesmos recursos ou oportunidades.

- **A Supervalorização das Aparências:**
O sucesso é frequentemente associado à aparência e ao consumo excessivo. A pressão social por ter o carro certo, roupas de marca e casas elegantes faz com que muitos busquem **bens materiais** em vez de desenvolvimento pessoal ou estabilidade financeira.

## 2. A Construção de um Mito

*A Realidade das Desigualdades Socioeconômicas*

O conceito do *Sonho Americano*, que promete ascensão social através do trabalho árduo, é um mito construído por Hollywood, mas a realidade é marcada pela **profunda desigualdade econômica nos EUA**.

- **Os Privilegiados Ganham, o Restante Perde:**
O sistema econômico favorece os **bilionários e grandes corporações**, que detêm a maior parte das riquezas do país. O acesso a investimentos, educação e conexões é concentrado entre aqueles que têm poder financeiro e

influência.

- **As Barreiras do Sucesso:**
Para a maioria das pessoas, o sucesso no *Sonho Americano* requer **capital inicial**, **conexões sociais**, **recursos educacionais e estabilidade financeira**, algo que apenas aqueles que já são privilegiados conseguem.

*A Manipulação da Narrativa Social e Política*

Hollywood, ao mesmo tempo em que promove o sucesso individual, também fortalece o sistema político e social que beneficia os poderosos.

- **Parcerias Corporativas e Políticas:**
Grandes estúdios e celebridades frequentemente mantêm relações com políticos e corporações, influenciando decisões em favor dos interesses do **capital e das grandes empresas**, em detrimento dos trabalhadores e das comunidades desfavorecidas.

- **Desaparecimento das Questões Sociais:**
Temas relevantes como **desemprego, racismo, pobreza e violência** são minimizados ou retratados superficialmente, criando uma imagem distorcida da realidade americana.

## Conclusão

Hollywood, através das telas e das histórias que conta, serve como a principal ferramenta para a construção do *Sonho Americano*, oferecendo um **esplendor fictício e atraente**, mas muitas vezes enganoso. A imagem do sucesso fácil e acessível a todos esconde um sistema real que privilegia apenas aqueles que já detêm poder financeiro e social.

O verdadeiro *Sonho Americano* deveria ser construído em um sistema onde a igualdade de oportunidades não fosse apenas um conceito, mas uma realidade tangível para todos. Isso exigiria políticas públicas efetivas, investimentos em educação e infraestrutura social, e o desmantelamento das barreiras que perpetuam o poder das grandes corporações e dos ricos em detrimento do restante da sociedade.

Em vez de um mito que exclui e marginaliza, o *Sonho Americano* precisa ser transformado em um compromisso coletivo, no qual cada indivíduo tenha acesso real ao progresso, ao sucesso e à dignidade, independentemente de sua origem social, raça ou circunstâncias iniciais. Hollywood precisa deixar de ser apenas uma ferramenta de propaganda e passar a ser um veículo que expresse histórias reais, combata desigualdades e inspire um progresso social e econômico verdadeiro e acessível a todos.

# CAPÍTULO 28: A REALIDADE DURA POR TRÁS DA MÁSCARA

## 1. Desigualdade Social

*O Abismo entre os Ricos e os Pobres*

Nos Estados Unidos, a imagem da prosperidade e do progresso que a mídia e Hollywood costumam mostrar é apenas a ponta do iceberg. A realidade social é marcada por uma **desigualdade profunda e persistente**, onde a distância entre os que têm riqueza e os que não têm é cada vez maior.

- **Distribuição Desproporcional da Riqueza:**
  De acordo com estudos e dados econômicos, apenas uma pequena fração da população americana possui a maior parte das riquezas do país. Aproximadamente **1% da população detém cerca de 40% da riqueza total**, enquanto os **50% mais pobres possuem apenas 2% do patrimônio nacional**. Isso significa que a maior parte dos recursos e oportunidades está concentrada em mãos de poucas pessoas, enquanto a maioria luta para cobrir necessidades básicas.

- **A Falta de Mobilidade Social:**
  Embora o mito do *Sonho Americano* sugira que qualquer pessoa possa alcançar o sucesso através do esforço próprio, a realidade mostra que a mobilidade social é limitada. A origem social, a educação e as conexões influenciam significativamente o destino das pessoas. Muitos acabam presos em um ciclo de pobreza que parece impossível de romper.

*O Papel das Corporações e Políticas Públicas*

- **Lobby Corporativo e Desigualdade:**
  Grandes empresas e corporações controlam decisões políticas e econômicas nos EUA. Por meio de **lobbys poderosos**, elas garantem benefícios fiscais, incentivos e políticas que favorecem os interesses dos investidores em detrimento dos trabalhadores e das comunidades.

- **Políticas Públicas Falhas:**
  Programas sociais e iniciativas do governo frequentemente não são suficientes para garantir uma vida digna para os pobres. Assistência social limitada e investimentos insuficientes em programas educacionais e comunitários criam um cenário onde os mais pobres são constantemente marginalizados.

## 2. Falta de Bem-Estar Psicológico e Saúde

*Sistema de Saúde Privado e Exclusivo*

O sistema de saúde americano é, em grande parte, privado e baseado no pagamento direto ou em seguros de saúde. Isso significa que a saúde no país é, muitas vezes, um **luxo inacessível**, especialmente para aqueles que não têm recursos financeiros adequados.

- **Seguro de Saúde Caro:**
  A maioria dos americanos precisa de seguros de saúde privados, e os prêmios desses seguros podem consumir uma parte significativa da renda. Isso significa que muitos trabalhadores com empregos de baixo rendimento ou sem benefícios têm dificuldade em obter cuidados médicos adequados.

- **Negligência Médica e Desacesso aos Tratamentos:**
  Hospitais e clínicas muitas vezes priorizam a rentabilidade em vez do bem-estar dos pacientes, resultando em tratamentos superficiais e negligência médica. Milhões de pessoas enfrentam **dificuldades financeiras apenas para obter cuidados essenciais**, como consultas médicas, cirurgias e tratamentos de doenças crônicas.

*Problemas de Saúde Mental Amplificados pelo Consumo*

O estilo de vida associado ao consumo excessivo e ao materialismo exacerbado nos EUA também tem um impacto significativo na saúde mental dos americanos.

- **Pressão Social e Depressão:**
  A busca incessante pelo sucesso e pela posse de bens materiais cria uma pressão social constante. Muitas pessoas são levadas a acreditar que sua felicidade depende de status social e posses, o que gera **ansiedade, depressão e**

**sentimentos de fracasso**.

- **Isolamento e Solidão:**
  O individualismo extremo presente na cultura americana faz com que o apoio comunitário e os relacionamentos interpessoais sejam menos valorizados. Muitas pessoas vivem isoladas, sem suporte social ou emocional, o que agrava ainda mais problemas de saúde mental e torna difícil buscar ajuda.

## 3. O Sistema de Classes

*Uma Sociedade Estruturada pela Riqueza*

Nos EUA, a ideia de que apenas aqueles com poder financeiro têm direito a uma vida digna está no coração do sistema social e econômico. A sociedade é estruturada de maneira a **gerar riqueza apenas para aqueles que estão no topo**, enquanto os mais pobres são frequentemente deixados sem perspectivas reais de progresso.

- **Barreiras de Entrada:**
  Para ter acesso a educação de qualidade, moradia adequada e oportunidades de carreira estável, é necessário ter recursos financeiros consideráveis. Sem isso, o caminho para o progresso é limitado e os sonhos de sucesso frequentemente se tornam apenas uma ilusão.

- **Cultura do Mérito e Exclusividade:**
  O mito do *Sonho Americano* promove a ideia de que sucesso e mérito são alcançados apenas através do talento e esforço individual. No entanto, esse conceito ignora a realidade de que o acesso às melhores escolas, conexões profissionais e oportunidades está muitas vezes **restrito àqueles que já possuem riqueza e poder**.

*A Exclusão das Comunidades Marginalizadas*

- **Discriminação Sistêmica:**
  Comunidades **afro-americanas, latinas e indígenas** enfrentam barreiras adicionais devido à discriminação sistêmica e ao racismo estrutural. Isso se reflete em dificuldades no acesso ao emprego, à educação e aos cuidados médicos adequados.

- **Falta de Investimento Público:**
  Muitas dessas comunidades vivem em bairros

negligenciados, sem infraestrutura adequada, escolas de qualidade ou acesso a recursos essenciais. Isso perpetua um ciclo de pobreza e exclusão social que é difícil de romper.

## Conclusão

A *máscara* da sociedade americana, promovida pela mídia e pela cultura do consumo, esconde a **profunda desigualdade social e econômica** que afeta milhões de pessoas todos os dias. Hollywood e os meios de comunicação podem apresentar o *Sonho Americano* como um caminho de progresso e sucesso, mas a realidade é marcada por um sistema que favorece apenas a elite econômica e marginaliza aqueles que não têm recursos ou conexões.

O verdadeiro progresso social e econômico nos EUA exige mudanças estruturais profundas, investimentos em educação pública, assistência social robusta e políticas que garantam oportunidades reais para todos. Isso significa enfrentar a disparidade entre classes, corrigir o sistema de saúde falho e lutar contra o racismo sistêmico que tem afetado comunidades historicamente marginalizadas.

Enquanto o país continuar a buscar apenas o lucro e o individualismo extremo, a promessa do *Sonho Americano* será apenas um mito vazio, um conto atraente que exclui, divide e destrói aqueles que, apesar de todo o esforço, nunca tiveram uma chance real de sucesso e dignidade.

# CAPÍTULO 29: IMIGRANTES – O OUTRO LADO DO "SONHO"

## 1. Tratamento Desumano dos Imigrantes

*Centros de Detenção e Condições Desumanizadoras*

Os centros de detenção de imigrantes nos Estados Unidos são frequentemente descritos como verdadeiros **"campos de sofrimento e abandono"**, onde os direitos humanos são violados e a dignidade das pessoas é ignorada.

- **Superlotação e Falta de Recursos:**
  Muitos centros estão **superlotados**, sem espaço suficiente para os detidos. Isso gera um ambiente caótico e perigoso, onde a higiene e a saúde pública são comprometidas. Os prisioneiros enfrentam falta de acesso a alimentos adequados, cuidados médicos e saneamento básico.

- **Trata-se de Trabalho Escravo:**
  Em muitos casos, os imigrantes que estão aguardando sua deportação são usados em **trabalhos forçados**, recebendo salários baixíssimos ou nenhum pagamento. Eles são colocados em atividades perigosas e desgastantes, muitas vezes ignorando os direitos básicos dos trabalhadores.

- **Violação dos Direitos Humanos:**
  Organizações de direitos humanos têm relatado casos de **abuso físico e psicológico**, negligência médica e restrição das comunicações pessoais dos imigrantes. A falta de tradutores dificulta a comunicação, e muitos detidos não têm acesso a assistência jurídica adequada.

*Deportação e Hostilidade Social*

A **política de deportação** implementada nos EUA tem sido severa e muitas vezes brutal, especialmente nos anos mais recentes.

- **Deportação Agressiva:**
  Imigrantes, independentemente do tempo em que viveram nos EUA ou de suas contribuições à sociedade, podem ser deportados a qualquer momento, às vezes sem aviso prévio.

Muitas dessas deportações ocorrem separando famílias, deixando crianças e pais em desespero.

- **Hostilidade e Racismo Estrutural:**
  A sociedade americana apresenta um cenário de **hostilidade e preconceito**, tanto social quanto institucional, em relação aos imigrantes. Muitas vezes, são vistos como concorrentes no mercado de trabalho, responsáveis pela queda de salários e pelo aumento das taxas de desemprego. Isso gera uma **narrativa racista e xenofóbica**, promovida por políticos e pela mídia, que desvaloriza os imigrantes e os considera "intrusos".

## 2. A Mensagem de Exclusão

*O "Sonho Americano" como Privilégio Exclusivo*

O *Sonho Americano*, muitas vezes retratado como a promessa de sucesso e prosperidade através de trabalho árduo, não inclui todos os imigrantes. A exclusividade desse sonho é um reflexo das políticas sociais e econômicas que priorizam apenas aqueles que já têm acesso aos recursos e privilégios do sistema.

- **O "Sistema dos Privilegiados":**
  A realidade é que apenas aqueles que possuem **documentação, conexões financeiras ou privilégios sociais** têm acesso a oportunidades educacionais, emprego e assistência médica adequadas. Isso cria um sistema onde o sucesso econômico está atrelado à condição financeira e social pré-existente, em vez de um mérito verdadeiro e universal.

- **Barreiras Legais e Administrativas:**
  Os imigrantes enfrentam um **labirinto burocrático**, onde a documentação necessária para acessar serviços e empregos é complexa e frequentemente inacessível. Isso os mantém em empregos temporários e mal remunerados, sem garantias de direitos básicos e estabilidade no futuro.

*Exclusão Social e Estigma*

Nos EUA, os imigrantes frequentemente são alvo de **estigmas sociais e estereótipos**, o que cria uma barreira adicional entre eles e a aceitação na sociedade americana.

- **Narrativas Xenofóbicas na Mídia:**

Muitos meios de comunicação perpetuam **estereótipos negativos** sobre os imigrantes, associando-os a crimes, drogas e problemas sociais. Isso cria uma percepção pública distorcida e negativa que afasta a população dos imigrantes e enfraquece os laços comunitários.

- **Exclusão Social e Racismo:**
  Comunidades imigrantes frequentemente vivem em áreas urbanas ou suburbanas precárias, onde o acesso ao emprego e à educação é limitado. Isso faz com que os jovens dessas comunidades não tenham oportunidades reais de progresso social e econômico, gerando ciclos de pobreza e violência que são difíceis de quebrar.

## 3. A Exclusividade do Acesso ao Progresso

*Estrutura Social e Disparidade Econômica*

Nos Estados Unidos, a **estrutura social é projetada para favorecer os mais ricos**, deixando os imigrantes e os trabalhadores de baixa renda em uma posição de desvantagem constante.

- **Desigualdade Econômica Sistêmica:**
  Os investimentos e políticas econômicas frequentemente beneficiam os grandes investidores e corporações, enquanto os programas sociais destinados aos trabalhadores e imigrantes são cortados ou mantidos de forma inadequada. Isso significa que o progresso econômico é **exclusivo para aqueles que já possuem capital e conexões**.

- **Mobilidade Social Limitada:**
  Apesar das promessas de oportunidades iguais, a mobilidade social é limitada para aqueles que não têm o suporte financeiro necessário. O acesso ao estudo superior, bons empregos e investimentos é, muitas vezes, um luxo reservado apenas aos que pertencem ao topo dessa estrutura social.

*A Exclusão no "Sonho"*

- **Cidadania e Direitos Limitados:**
  Para muitos imigrantes, a cidadania significa um futuro

instável e um acesso limitado aos benefícios do sistema social e econômico do país. Eles não têm o direito de competir em condições iguais no mercado de trabalho e enfrentam barreiras adicionais no sistema legal e econômico.

- **Necessidade de Reformas Estruturais:**
  A solução para essa exclusão social e econômica exige **reformas abrangentes**, como políticas de imigração mais justas, investimentos em educação pública e programas sociais robustos, além de práticas corporativas éticas e responsáveis que incluam os imigrantes como parte da força de trabalho em condições justas e equitativas.

## Conclusão

O *Sonho Americano*, muitas vezes apresentado como um ideal acessível a qualquer pessoa que trabalhe duro, tem se mostrado um mito para muitos imigrantes nos EUA. A realidade para eles inclui **centros de detenção desumanizadores, barreiras burocráticas complicadas, políticas de deportação severas e uma sociedade que os marginaliza social e economicamente**.

Enquanto os meios de comunicação e Hollywood perpetuam a imagem de um progresso sem limites, a exclusão dos imigrantes revela a necessidade urgente de **mudanças estruturais profundas e inclusivas**. Isso significa quebrar as barreiras institucionais, reformar o sistema de saúde e assistência social, combater o racismo sistêmico e garantir oportunidades verdadeiramente iguais.

Somente através dessas mudanças poderá o *Sonho Americano* se tornar um conceito real e acessível a todos, sem excluir aqueles que, apesar das adversidades, buscam apenas uma vida digna e a chance de contribuir para a sociedade americana.

# CAPÍTULO 30: LIBERDADE DE EXPRESSÃO OU DISCURSOS DE ÓDIO?

## 1. A Falácia da Liberdade de Expressão

*A Nova Desculpa do Extremismo: O Caso Nick Fuentes*

Nos Estados Unidos, a **liberdade de expressão** é um dos pilares fundamentais da Constituição, mas, paradoxalmente, tem sido frequentemente usada como um **escudo para aqueles que promovem discursos extremistas e preconceituosos**. Nick Fuentes, um influenciador e comentarista de extrema-direita, é um exemplo emblemático dessa realidade. Ele personifica o dilema entre a proteção da liberdade de expressão e os discursos de ódio que buscam criar divisões e intolerância social.

- **Uso da Constituição como Escudo:**
  Fuentes e outros extremistas frequentemente alegam que suas opiniões estão **garantidas pela liberdade de expressão** e, por isso, não podem ser questionadas ou reprimidas. Ele promove ideias racistas, misóginas e xenofóbicas, alegando apenas estar exercendo seu direito constitucional de falar livremente.

- **Plataformas Sociais e Radicalização:**
  As redes sociais desempenham um papel crucial nesse cenário. Plataformas como Twitter e YouTube, enquanto defendem a liberdade de expressão, também permitem que conteúdos extremistas ganhem tração e seguidores. Isso cria um espaço onde discursos preconceituosos e ideias extremistas circulam livremente, dificultando o combate a esses conteúdos.

*Grupos Extremistas e o Escudo Legal*

Além de figuras como Nick Fuentes, vários grupos extremistas nos EUA usam a **liberdade de expressão como justificativa legal para suas atividades e discursos**.

- **Organizações Extremistas:**

Grupos supremacistas, neonazistas e organizações de extrema-direita têm usado a liberdade de expressão para organizar protestos e eventos, frequentemente em lugares públicos e com a proteção das leis que garantem seus direitos constitucionais.

- **Proteção Jurídica:**
  Os tribunais americanos, baseados no compromisso com os direitos individuais, têm dificuldade em restringir esses discursos. A liberdade de expressão é um direito **fundamental e sagrado**, mas o limite surge apenas quando as falas incitam violência ou criam riscos reais para a sociedade.

## 2. A Hipocrisia por Trás da "Liberdade"

*A Exclusividade da Verdadeira Liberdade de Expressão*

Embora a Constituição proteja a liberdade de expressão, na prática, ela **é frequentemente restrita quando os discursos prejudicam grupos vulneráveis**, como mulheres, minorias étnicas e pessoas LGBTQ+.

- **Incitação ao Preconceito e Discriminação:**
  Muitas vezes, os discursos que promovem misoginia, racismo e homofobia não apenas ofendem, mas também criam ambientes de **discriminação sistêmica e violência física**, especialmente entre jovens e comunidades marginalizadas.

- **Impacto Social e Psicológico:**
  A cultura do ódio e os ataques verbais contra minorias sociais têm impactos profundos na **autoestima e no bem-estar psicológico das vítimas**. Isso fortalece a exclusão social e gera um ciclo de discriminação e ressentimento entre diferentes grupos na sociedade americana.

*Quando a Mídia e o Governo Falham*

O papel dos **mídia e das instituições públicas** é crucial para o equilíbrio entre liberdade e responsabilidade, mas frequentemente isso é negligenciado.

- **Manifestações Públicas e Silêncio Governamental:**
  Muitas vezes, o governo e a mídia não intervêm adequadamente em manifestações públicas que se tornam oportunidades para discursos de ódio. Políticos e figuras

públicas têm dificuldade em condenar o extremismo sem arriscarem perder apoiadores.

- **Hipocrisia Institucional:**
  O financiamento público e privado em canais de mídia, instituições educacionais e empresas também contribui para a **perpetuação desses discursos preconceituosos**, já que muitos têm contratos e interesses econômicos atrelados a figuras e grupos que propagam ideias extremistas.

## 3. O Desafio das Reformas e a Busca por Equilíbrio

*Regulamentação das Redes Sociais*

O debate sobre a **regulamentação das redes sociais** está em alta nos Estados Unidos, mas os desafios são significativos.

- **A Dilema das Plataformas:**
  Empresas como Facebook, Twitter e YouTube garantem a liberdade individual, mas ao mesmo tempo, acabam sendo espaços onde o ódio e a intolerância se proliferam. Os algoritmos, que priorizam conteúdos com maior engajamento, acabam promovendo ideias extremistas e polarizando o público.

- **Tentativas de Controle e Legislação:**
  Diversos projetos de lei têm sido apresentados para **impor restrições aos discursos que incitam violência e ódio**, mas há resistência, tanto de grupos extremistas quanto das próprias empresas de tecnologia. O equilíbrio entre **liberdade e responsabilidade social** é um desafio constante e fundamental neste debate.

*Educação e Cultura Social*

Para combater a disseminação do discurso de ódio, é fundamental um compromisso com a **educação e o desenvolvimento cultural**, promovendo valores de inclusão e respeito desde cedo.

- **Programas Educacionais Inclusivos:**
  Iniciativas educacionais podem ajudar a combater preconceitos, ensinando desde a infância a importância da diversidade e do respeito às diferenças.

- **Influência das Celebridades e do Cinema:**
  Hollywood e a cultura pop também desempenham

um papel crucial na formação das opiniões sociais. **Celebridades e influenciadores podem usar sua influência** para desafiar narrativas extremistas e promover representatividade e inclusão, ajudando a moldar valores sociais mais respeitosos e diversos.

## Conclusão

A **liberdade de expressão** nos Estados Unidos, embora um direito constitucional sagrado, está em um equilíbrio instável entre sua proteção e a responsabilidade social. Esse equilíbrio tem sido explorado por figuras extremistas, como Nick Fuentes e outros, que se escondem atrás do escudo legal para propagar discursos de ódio. No entanto, a verdadeira liberdade de expressão não pode ser um espaço onde o preconceito, a misoginia e a xenofobia prosperam.

É essencial um compromisso social e político com **reformas estruturais, maior responsabilidade das redes sociais e iniciativas educacionais inclusivas**, promovendo valores de respeito e diversidade. Apenas dessa forma os Estados Unidos poderão afirmar o verdadeiro compromisso com os direitos fundamentais, garantindo um ambiente onde a liberdade individual coexistam de maneira respeitosa e igualitária, tornando o *Sonho Americano* uma promessa real e acessível para todos, sem espaço para exclusão ou intolerância.

# CAPÍTULO 31: HOLLYWOOD DESMASCARADA

## 1. Escândalos Envolvendo Diretores e Atores

*Abusos e Manipulação: O Lado Sombrio dos Bastidores*

Hollywood, conhecida por sua imagem glamorosa e entretenimento de alto impacto, esconde muitos segredos sombrios. Por trás das câmeras e dos tapetes vermelhos, a indústria cinematográfica americana tem sido marcada por casos de **abuso de poder, assédio sexual e manipulação**, envolvendo tanto diretores renomados quanto atores consagrados.

- **Harvey Weinstein: O Símbolo do Poder e Abuso**
  O caso de **Harvey Weinstein** representa um dos maiores escândalos em Hollywood. O ex-produtor influente, conhecido por produzir filmes icônicos como *Pulp Fiction* e *Shakespeare in Love*, foi acusado de **múltiplos casos de assédio sexual e estupro**, envolvendo diversas atrizes famosas ao longo das décadas. O movimento **#MeToo**, que ganhou força em 2017, trouxe à tona várias vítimas que denunciaram Weinstein e outros nomes poderosos da indústria.

- **O Papel das Grandes Estúdios:**
  Os estúdios de Hollywood, em muitos casos, **fecharam os olhos para os comportamentos abusivos**, protegendo diretores e atores em nome do sucesso financeiro e do prestígio da indústria. Tal mentalidade permitiu que o abuso continuasse por anos sem repercussões significativas.

- **Desafios Legais:**
  Os esforços judiciais para responsabilizar os culpados são complicados. Muitos casos envolvem acordos financeiros confidenciais, onde **vítimas aceitam grandes somas de dinheiro em troca de silêncio**, um cenário que perpetua o abuso sem punir adequadamente os responsáveis.

### A Influência dos Diretores

Diretores famosos também possuem um poder desproporcional na indústria e frequentemente utilizam sua posição para **exercer controle sobre atores e técnicos**, criando um ambiente propício ao abuso e ao assédio.

- **Casos em Destaque:**
  Nomes como **Roman Polanski**, que fugiu dos Estados Unidos após ser acusado de abuso sexual infantil nos anos 70, ilustram o contraste entre o sucesso em Hollywood e a falta de ética e responsabilidade pessoal.

- **Rede de Influência:**
  Há uma rede complexa em Hollywood que envolve relações entre **diretores influentes, estúdios e agências**, facilitando a perpetuação desses comportamentos problemáticos. Muitos **contratos e decisões de carreira dependem dessas relações**, tornando difícil para atores menos conhecidos ou iniciantes denunciarem abusos sem arriscarem o próprio futuro na indústria.

## 2. Abuso Infantil e Casos Controversos: Nickelodeon e P. Diddy

### Nickelodeon e o Caso das Crianças

A Nickelodeon, uma das principais redes de televisão voltadas para o público infanto juvenil, também enfrentou controvérsias significativas em relação ao abuso infantil. Diversos casos surgiram ao longo dos anos, envolvendo crianças e adolescentes que trabalhavam na indústria do entretenimento e alegaram ter sido **explorados e abusados nos bastidores**.

- **Testemunhos e Alegações:**
- Muitos ex-atores e técnicos, ao saírem do cenário infantojuvenil, revelaram **ambientes tóxicos e exploração excessiva** por parte de diretores e produtores, onde os interesses financeiros prevaleciam sobre o bem-estar emocional e físico das crianças.
- **Pressão e Exposição Excessiva:**
  As crianças eram frequentemente submetidas a longas

jornadas de gravação e, em muitos casos, sofriam **pressão psicológica e emocional** para cumprir expectativas altas de performance e profissionalismo. Isso gerou traumas físicos e psicológicos profundos, afetando o futuro dessas crianças tanto pessoal quanto profissionalmente.

*Sean Combs (P. Diddy) e os Escândalos Musicais*

Sean Combs, também conhecido como **P. Diddy**, é um nome respeitado na música e no entretenimento americano. No entanto, ele também está associado a **escândalos envolvendo crianças e jovens**, especialmente no cenário do rap e do hip-hop, onde a fama e o sucesso vêm acompanhados de um preço elevado.

- **Exploração e Discriminação:**
- Acusações sobre o uso excessivo de talentos infantis e a busca por lucro financeiro em cima de jovens artistas emergem frequentemente no cenário de P. Diddy e outros nomes da indústria do hip-hop.
- Muitos artistas iniciais falam sobre contratos que os mantinham **presos em acordos abusivos**, recebendo uma fração mínima dos lucros enquanto os gigantes da indústria acumulavam fortunas.

## 3. Por Que Hollywood Toma Parte dessa Escuridão?

*Cultura do Sucesso e Desperdício*

Hollywood valoriza o sucesso financeiro e a fama acima de tudo. A busca pela **popularidade e lucros rápidos** faz com que a ética e o respeito pelos direitos humanos sejam frequentemente ignorados.

- **Carreira em Risco:**
  Muitos atores, técnicos e jovens talentos que entraram na indústria com o sonho de sucesso acabam sendo **explorados e descartados**, sem apoio ou respaldo das empresas e estúdios.
- **Influência dos Patrocinadores:**
  Os investidores e patrocinadores também desempenham um papel crucial ao permitir esse cenário, pois estão mais preocupados com o retorno financeiro imediato do que com os impactos a longo prazo na reputação das pessoas

envolvidas.

*Redes Internas e Poder Oculto*

Em Hollywood, a **influência dos contratos, relações pessoais e acordos confidenciais** cria um sistema de poder interno difícil de penetrar.

- **Mecanismo de Silenciamento:**
  O uso de **acordos financeiros privados**, contratos exclusivos e relações entre estúdios e agentes cria um ambiente onde denúncias públicas são facilmente abafadas.

- **Falta de Mecanismos de Controle:**
  As agências reguladoras frequentemente têm poder limitado para intervir e responsabilizar aqueles que gerenciam os bastidores dessa indústria, o que faz com que Hollywood continue a ser um espaço onde **exploração e poder excessivo** coexistem.

## Conclusão

Hollywood, apesar de seu brilho e impacto cultural significativo no cenário global, **é um microcosmo das falhas éticas e das disparidades sociais presentes na sociedade americana**. Abusos envolvendo diretores poderosos, exploração infantil e relações complicadas entre contratos e interesses financeiros revelam os problemas estruturais na indústria do entretenimento.

Esses escândalos mostram como a busca por fama e sucesso financeiro muitas vezes se sobrepõe ao respeito pela dignidade, ética e direitos humanos. A indústria precisa de reformas estruturais profundas, tanto em políticas institucionais quanto em relações interpessoais, garantindo que o sucesso financeiro não seja construído sobre a exploração e o sacrifício de talentos iniciantes e trabalhadores, mas sim em cima de valores éticos e respeito ao talento humano e profissional.

# CAPÍTULO 32: CAPITALISMO SELVAGEM E DESIGUALDADE

## 1. O Capitalismo como Ferramenta de Concentração de Riquezas

*O Surgimento e Domínio do Sistema Capitalista nos EUA*

O capitalismo nos Estados Unidos começou a moldar a economia americana a partir dos primeiros dias de colonização e industrialização. No entanto, ao longo dos anos, esse sistema evoluiu para um **capitalismo selvagem**, onde a acumulação de riqueza não é mais apenas um objetivo, mas uma maneira de manter a estrutura social e econômica a favor dos poderosos e das grandes corporações.

- **Poder das Corporações:**
  No cenário americano, as grandes corporações, como **Amazon, Google, Apple e Microsoft**, dominam a economia e concentram grande parte da riqueza nacional. Somente os executivos e acionistas dessas empresas acumulam fortunas que excedem o orçamento de muitos países.

- **O Desprezo ao Trabalhador:**
  O capitalismo selvagem opera em grande parte em um sistema de **salários baixos, demissões em massa e contratos temporários**, visando apenas o lucro. Isso significa que muitos trabalhadores americanos enfrentam dificuldades para conseguir moradia, acesso à saúde e uma qualidade de vida aceitável.

- **Economia das Gigas e os Empregos Precários:**
  As empresas de tecnologia e transporte, como **Uber e Airbnb**, criaram o conceito de empregos temporários e trabalho flexível, mas esses vêm acompanhados da

**insegurança financeira e falta de benefícios sociais**, tornando a estabilidade econômica praticamente impossível para muitos.

*Exportação do Modelo Capitalista*

Os Estados Unidos não apenas implementaram esse sistema no cenário interno, mas o exportaram para o resto do mundo.

- **Influência das Políticas Externas:**
  Com a ajuda de instituições financeiras globais como o **FMI e o Banco Mundial**, os EUA impuseram políticas neoliberais em diversos países, incentivando privatizações e a abertura do mercado. O objetivo era garantir o controle das grandes corporações americanas sobre os recursos e mercados globais.

- **Tratados Desiguais:**
  Os acordos comerciais, como o **NAFTA**, garantiram que produtos americanos dominassem os mercados de países vizinhos, especialmente o México, ao mesmo tempo em que destruíam empregos e a indústria local. Isso fortaleceu a dependência desses países do capitalismo americano e garantiu o fluxo de riqueza para os Estados Unidos, enquanto a maioria das pessoas em outros países enfrentava desemprego e pobreza.

# 2. O Impacto na Vida dos Americanos Pobres

*Desigualdade Econômica Interna*

Nos EUA, o capitalismo selvagem resultou em uma **desigualdade social e econômica extrema**, onde os pobres são frequentemente ignorados pelo sistema e os recursos são concentrados em poucas mãos.

- **Problemas de Emprego e Pobreza:**
  Mais de 12% dos americanos vivem abaixo da linha da pobreza, e muitos trabalhadores, mesmo com empregos estáveis, não conseguem **pagar aluguéis, medicamentos ou alimentação básica**.

- **O Endividamento e o Sonho Americano:**
  O sonho americano, que promete ascensão social através

do esforço individual, tem se tornado apenas uma ilusão para muitos. **Estudantes universitários, endividados com empréstimos educacionais**, enfrentam anos ou até décadas para pagar suas dívidas, limitando suas oportunidades econômicas e sociais.

- **Falta de Acesso à Saúde:**
O sistema de saúde privado dos EUA piora a situação dos menos favorecidos. Muitas pessoas não têm acesso aos cuidados médicos necessários, e os tratamentos dependem dos seguros de saúde, que nem todos conseguem pagar. O capitalismo impõe uma escolha cruel: **ou paga pelo serviço médico, ou morre**.

*A Desvalorização do Trabalho Manual e Técnico*

O capitalismo selvagem nos EUA valoriza o **trabalho intelectual e as habilidades tecnológicas**, mas frequentemente desvaloriza o trabalho manual e técnico, como construção, transporte e manutenção.

- **Salários Desiguais:**
Profissionais dessas áreas, essenciais para o funcionamento básico da sociedade, como motoristas e técnicos, recebem salários modestos e não têm os mesmos direitos e benefícios que trabalhadores em setores especializados ou corporativos.

- **Falta de Reconhecimento Social:**
A sociedade americana tem um estigma contra o trabalho manual, associando-o a um status social inferior. Isso cria uma barreira cultural que impede muitos jovens de considerarem carreiras essenciais para a infraestrutura e funcionamento econômico do país.

## 3. O Impacto Global do Capitalismo Selvagem

*Desigualdade entre os Países*

O impacto das políticas capitalistas americanas não é limitado apenas ao cenário interno; ele se estende globalmente.

- **Países Subdesenvolvidos e Exploração:**
Países na **América Latina, África e partes da Ásia** enfrentam grandes problemas devido ao capitalismo exportado pelos EUA. Muitas vezes, esses países são explorados como fontes de matéria-prima e recursos,

mas não recebem investimentos significativos em infraestrutura ou desenvolvimento social.

- **Tráfico Humano e Trabalho Escravo:**
  A busca incessante por produção barata nos EUA resultou no crescimento do **tráfico humano e das condições de trabalho desumanas**, especialmente em fábricas localizadas em países com regulamentação trabalhista frágil. Isso cria um ciclo onde o capitalismo alimenta a exploração e a pobreza tanto em território americano quanto internacionalmente.

*Dívidas Exorbitantes e Dependência Externa*

Muitos países que seguiram o caminho das políticas neoliberais impostas pelos EUA acumulam **dívidas externas significativas**, tornando-se dependentes das decisões financeiras americanas.

- **Instituições Financeiras Globais:**
  O FMI e o Banco Mundial, instituições frequentemente influenciadas pelos interesses americanos, acabam sendo usados como **ferramentas de controle econômico**, garantindo a submissão dos países em desenvolvimento ao poder das corporações americanas e seus investidores.

- **Desenvolvimento Desbalanceado:**
  O resultado disso é um mundo onde a **riqueza está concentrada em poucos lugares**, enquanto muitos países e pessoas enfrentam falta de recursos básicos, pobreza e instabilidade social.

## Conclusão

O capitalismo selvagem, um sistema inicialmente projetado para criar oportunidades e prosperidade, tornou-se um sistema que **concentra riqueza de maneira implacável, ignorando os valores fundamentais de igualdade e justiça social**. Nos Estados Unidos, esse sistema impõe um cenário onde apenas aqueles que têm recursos e poder conseguem prosperar, enquanto os trabalhadores e os menos favorecidos são frequentemente deixados à margem.

Globalmente, o capitalismo exportado pelos EUA criou uma rede de dependência, exploração e desigualdade, onde países inteiros são subjugados aos interesses das corporações americanas e das instituições financeiras internacionais.

É urgente que haja mudanças significativas, tanto nos Estados Unidos quanto no cenário global, com políticas econômicas que promovam **distribuição justa de recursos, oportunidades iguais e investimentos reais em saúde, educação e bem-estar social**. A verdadeira promessa do sonho americano — de sucesso e progresso acessíveis a todos — só será cumprida quando o capitalismo não for mais um sistema que serve apenas aos poderosos, mas sim um sistema que respeita e valoriza o esforço e o talento de todos, garantindo um futuro sustentável e igualitário para toda a sociedade.

# CAPÍTULO 33: O PREÇO DO PODER

## 1. O Domínio Global e o Custo das Decisões Americanas

Os Estados Unidos, ao longo das décadas, não apenas construíram sua própria imagem como uma superpotência, mas também moldaram o cenário global através de decisões políticas, militares e econômicas. No entanto, essas decisões vieram com um preço exorbitante — tanto para os americanos quanto para o resto do mundo. O poder e a influência que os EUA exercem sobre os outros países frequentemente foram conquistados por meio de **guerra, exploração econômica e manipulação política**, deixando um rastro de destruição e sofrimento.

- **Guerras e Intervencionismo Militar:**
  A história dos EUA é marcada por intervenções militares que não apenas alteraram o destino de outros países, mas também desestabilizaram regiões inteiras. Desde a **Guerra do Vietnã até o Iraque**, passando pela presença prolongada no Afeganistão, os custos dessas operações vão muito além das batalhas em si. Milhares de civis e soldados perderam suas vidas, cidades foram arruinadas e o trauma psíquico persiste por gerações.

- **Exploração Econômica Internacional:**
  Com acordos internacionais e corporações multinacionais, os EUA exploraram os recursos naturais e humanos de países menos desenvolvidos. **Empresas americanas dominam mercados, impõem condições desfavoráveis aos trabalhadores e garantem lucros colossais**, enquanto os países anfitriões enfrentam pobreza e subdesenvolvimento.

## 2. Manipulação Política e Influência nas Decisões Globais

Os EUA também moldaram o mundo através da manipulação das estruturas políticas e econômicas globais, muitas vezes utilizando instituições e acordos internacionais como instrumentos de controle.

- **Influência nas Organizações Internacionais:**

Organizações como a **ONU, FMI e Banco Mundial** muitas vezes são usadas como veículos de influência americana. Embora proclamem o apoio ao desenvolvimento e à assistência, na prática, suas decisões frequentemente refletem os **interesses das elites americanas**, em detrimento das necessidades das populações dos países em desenvolvimento.

- **Política Externa Manipuladora:**
Desde a **CIA até os acordos políticos secretos**, os EUA utilizaram a inteligência e o poder econômico para derrubar líderes em países estrangeiros e instaurar governos que serviam apenas aos interesses corporativos e ao poder econômico. Exemplos incluem o apoio ao regime militar no Chile durante os anos 1970 e a influência nos países do Oriente Médio, onde interesses estratégicos e petróleo dominaram as decisões políticas e militares.

## 3. A Exploração das Massas e o Preço Social

*Desigualdade Social Interna e Conflitos Domésticos*

O poder e a influência dos EUA não vieram sem um custo significativo também para a própria população americana. A busca incessante por poder político e controle econômico gerou um cenário interno de **desigualdade social e fragmentação**.

- **Vida dos Pobres e a Ausência de Redes de Segurança Social:**
Muitas famílias americanas vivem em **condições de pobreza, sem acesso adequado à saúde, educação ou oportunidades de emprego estável**. Isso acontece porque o sistema é projetado para favorecer os investidores e corporações, deixando as comunidades menos favorecidas à mercê das dificuldades econômicas.

- **Problemas Psicológicos e Sociais:**
O sucesso individual e a competitividade exacerbada pelo capitalismo resultaram em uma sociedade com altos índices de **estresse, ansiedade e depressão**. A pressão para estar sempre à frente, o medo de perder o emprego e a comparação constante entre bens materiais contribuem para a deterioração das relações sociais e da saúde mental da população.

*Cultura e Valores Distorcidos*

- **Promoção do Materialismo e da Superficialidade:**
  A cultura americana, amplamente propagada por Hollywood e a publicidade, promove valores de **consumo e materialismo extremo**. Isso cria a ideia equivocada de que sucesso é igual a bens e status social. Tal visão distorce os objetivos das pessoas e promove relações superficiais e de interesse próprio.

- **Falta de Propósito e Despersonalização:**
  Muitas pessoas vivem em busca de um sucesso apenas material, sem um propósito real ou contribuição significativa para a sociedade. Isso leva ao vazio emocional e ao fracasso das conexões humanas, que são a base de qualquer sociedade verdadeiramente próspera.

## 4. O Caminho para a Reflexão e a Justiça Global

As consequências do poder e influência americanos não podem ser ignoradas. Agora é o momento de **olharmos para o passado e analisarmos a história**, aprendendo com os erros e os traços das decisões tomadas em nome do poder e do sucesso econômico e político.

- **Responsabilidade Global:**
  Os EUA, como uma das nações mais influentes do planeta, têm a responsabilidade de reparar os danos causados ao redor do mundo. Isso significa respeitar os direitos humanos, fortalecer as políticas de assistência internacional e investir em países em desenvolvimento, garantindo que os recursos e oportunidades sejam distribuídos de maneira justa e equitativa.

- **Revisão dos Valores Sociais e Econômicos:**
  Internamente, é necessário reformular o capitalismo, tornando-o um sistema que **priorize o bem-estar das pessoas em vez do lucro absoluto**, garantindo acesso universal à educação, saúde e empregos estáveis.

## Conclusão

O poder dos Estados Unidos é, ao mesmo tempo, um símbolo de influência e controle e um aviso das consequências do capitalismo e do poder excessivo. Esse poder foi construído à custa das vidas das pessoas — tanto dos americanos quanto dos outros que sofreram sob o impacto das decisões americanas no cenário global.

A verdadeira força de um país não está apenas em sua capacidade de dominar mercados e exércitos, mas em sua habilidade de criar sociedades **equitativas, justas e colaborativas**, tanto no cenário interno quanto no internacional. O próximo capítulo, **"O Preço do Poder"**, aprofundará como os Estados Unidos podem e devem buscar a reparação desses danos, com um compromisso real com a justiça global e o respeito aos direitos humanos — uma reflexão necessária para que possamos finalmente estabelecer um sistema no qual o poder traga **progresso real e duradouro**, não apenas para poucos, mas para todos.

# CAPÍTULO 34: A ILUSÃO DO SONHO AMERICANO – A MENSAGEM FINAL

## Uma Promessa Que Nunca Se Realiza

Durante todo este livro, analisamos os elementos sombrios e ocultos por trás do mito do **"Sonho Americano"**. Vendido ao mundo como um símbolo de **liberdade, sucesso e oportunidades**, esse sonho esconde um sistema que favorece apenas os poderosos, enquanto a maioria das pessoas é deixada para trás. A verdade é que, nos Estados Unidos, o sonho prometido é frequentemente apenas um **espejismo** — uma ilusão cuidadosamente construída para manter um sistema que perpetua a **desigualdade, a exploração e a manipulação**.

Os EUA têm se vendido ao mundo como o lugar onde qualquer pessoa, independentemente de origem ou condição social, pode alcançar a fama e a fortuna apenas com trabalho duro. No entanto, a realidade para milhões é bem diferente:

- **Pobreza Persistente e Desigualdade Crescente:**
  Enquanto os bilionários acumulam fortunas astronômicas, milhões de americanos vivem em condições precárias, sem acesso a moradia adequada, saúde ou educação. O acesso a um futuro promissor não é garantido, mas sim um privilégio de poucos.

- **Manipulação Midiática e Propaganda:**
  Hollywood, a publicidade e a mídia americana são usadas como **ferramentas de propaganda**, criando imagens falsas e padrões irreais que pressionam as pessoas a buscar um sucesso baseado no materialismo e na superficialidade. Eles promovem um estilo de vida que muitas vezes resulta em **solidão, ansiedade e vazio emocional**.

- **Violência e Instabilidade Social:**

O tráfico humano, os crimes em rodovias, a exploração econômica internacional e o tratamento desumano aos imigrantes são apenas alguns dos problemas que ilustram como o sistema americano está construído para servir aos interesses das elites, em detrimento dos trabalhadores, das minorias e das comunidades menos favorecidas.

## O Preço Real da Liberdade e do Sucesso

O verdadeiro sucesso e a liberdade deveriam ser baseados em valores de **igualdade, respeito e oportunidade real para todos**, mas o sistema americano falha em oferecer isso. Ao invés disso, vemos:

- Uma **liberdade de expressão distorcida**, onde discursos de ódio são mascarados como direitos individuais.

- Um sistema de saúde privado que exclui muitos, mas que enriquece apenas aqueles que o controlam.

- Empresas que exploram recursos e pessoas em nome do lucro, desconsiderando o bem-estar das comunidades e o meio ambiente.

Essa é a realidade que os EUA vendem como um **"Sonho Americano"** — um cenário de glórias, oportunidades e progresso, mas que, na prática, acaba sendo um **pesadelo** para aqueles que não têm acesso aos mesmos recursos e privilégios.

## A Necessidade de Reflexão e Transformação

É hora de questionar a narrativa vendida pela mídia e pela propaganda americana. Precisamos olhar para os fatos, entender a história e agir. Devemos buscar um futuro em que:

- O sucesso não seja um privilégio apenas para alguns, mas um direito básico para todos.

- As oportunidades sejam acessíveis independentemente da origem social, raça ou gênero.

- O verdadeiro poder seja usado para promover **justiça social, respeito aos direitos humanos e**

**sustentabilidade**.

Cada um de nós, independentemente de onde esteja, tem o poder de questionar, resistir e exigir mudanças. É um compromisso com a **justiça, a ética e a dignidade humana** que deve ser buscado, não apenas por aqueles que têm poder, mas por toda a sociedade.

## Despedida aos Leitores

Chegamos ao fim desta jornada — mas a reflexão e o aprendizado não devem parar aqui. Este livro é apenas um convite para que você questione, analise e busque respostas sobre a sociedade em que vivemos e o sistema em que estamos inseridos.

Que você, leitor, continue a questionar o que é mostrado, a investigar a verdade por trás das imagens vendidas pela mídia e a lutar por um mundo mais igualitário e justo. Que possamos todos trabalhar para transformar o que é chamado de "Sonho Americano" em um verdadeiro compromisso com o progresso social, o respeito mútuo e o bem-estar de todos, não apenas de poucos privilegiados.

Obrigado por acompanhar esta jornada. Que suas reflexões e ações contribuam para um futuro onde o poder traga progresso real e duradouro, onde o sucesso seja um direito, e onde a liberdade seja algo que realmente pertença a todos, sem ilusões ou máscaras.

*Até que possamos criar um sistema que reflita nossos valores reais — de solidariedade, justiça e progresso — que os olhos e o coração estejam sempre abertos para a verdade.*